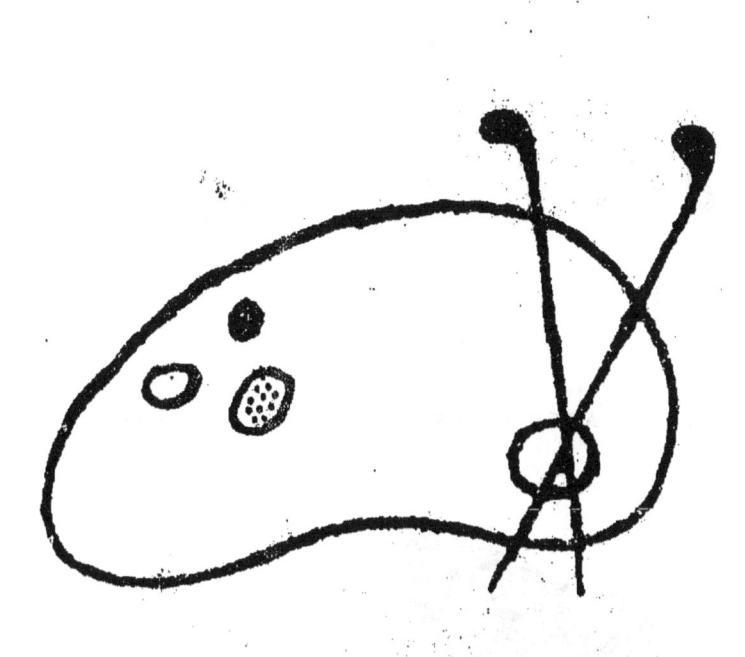

Début d'une série de documents en couleur

A. CONAN-DOYLE

LA
MARQUE DES QUATRE

ROMAN ANGLAIS

TRADUIT AVEC L'AUTORISATION DE L'AUTEUR

PARIS
LIBRAIRIE HACHETTE ET Cie
79, BOULEVARD SAINT-GERMAIN, 79

Librairie HACHETTE et Cie, boulevard Saint-Germain, n° 79, à Paris

IBLIOTHÈQUE DES MEILLEURS ROMANS ÉTRANGERS

ÉDITIONS A 1 FRANC LE VOLUME

ROMANS TRADUITS DE L'ANGLAIS

nsworth (W.) : Abigaïl. 1 v. — Crichton. 1 v. — Jack Sheppard. 1 v.

nonymes : Les pilleurs d'épaves. 1 v. — Miss Mortimer. 1 v. — Paul Ferroll. 1 v. — Violette. 1 v. — Whitehall. 2 v. — Whitefriars. 2 v. — La veuve Barnaby. 2 vol. — Tom Brown à Oxford. 1 vol. — Mehalah. 1 vol. — Molly Bawn. 1 vol.

sten (Miss) : Persuasion. 1 v.

aconsfield (lord) : Endymion. 2 vol.

eecher-Stowe (Mrs) : La case de l'oncle Tom. 1 v. — La fiancée du ministre. 1 v.

ack (W.) : Anna Beresford. 1 vol.

akmore (R.) : Erema. 1 vol.

addon (Miss) : OEuvres. 41 volumes.

ulver Lytton (Sir Ed.) : OEuvres. 25 vol.

nway (H.) : Le secret de la neige. 1 v.

aik (Miss Mullock.) : Deux mariages. 1 v. — Une noble femme. 1 v. — Mildred. 1 v.

mmins (Miss) : L'allumeur de réverbères. 1 v. — Mabel Vaughan. 1 v. — La rose du Liban. 1 v.

rrer-Bell (Miss Brontë) : Jane Eyre. 1 v. — Le Professeur. 1 v. — Shirley. 2 v.

sent : Les Vikings de la Baltique. 1 v.

rrick (F.) : Olive Varcoe. 1 v.

kens (Ch.) : OEuvres. 28 volumes

kens et Collins : L'abîme. 1 v. Voir ci-dessus Beaconsfield.

sraeli : Sybil. 1 v. — Lothair. 1 v.

wardes (Mrs. Annie) : Un bas-bleu. 1 v. — Une singulière héroïne. 1 v.

wards (Miss Amélia.) : L'héritage de Jacob Trefalden. 1 vol.

liot (F.) : Les Italiens. 1 vol.

ming (M.) : Un mariage extravagant. 2 v. Le mystère de Catheron. 2 vol. — Les chaînes d'or. 1 vol,

lerton (Lady) : L'oiseau du bon Dieu. 1 v. — Hélène Middleton. 1 v.

skell (Mrs.) : Autour du sofa. 1 v. — Marie Barton. 1 v. — Marguerite Hall (Nord et Sud). 1 v. — Ruth. 1 v. — Les amoureux de Sylvia. 1 v. — Cousine Philis. 1 v. — L'œuvre d'une nuit de mai. Le héros du fossoyeur. 1 v.

enville Murray : Le jeune Brown. 2 v. — La cabale de boudoir. 1 v. — Veuve ou mariée ? 1 v. — Une famille endettée. 1 v. — Étranges histoires. 1 v.

ll (cap. Basil) : Scènes de la vie maritime. v. — Scènes du bord et de la terre ferme. 1 v.

milton-Aïdé : Rita. 1 v.

Hardy (T.) : Le trompette-major. 1 v.

Harwood (J.) : Lord Ulswater. 1 vol.

Haworth (Miss) : Une méprise. — Les trois soirées de la Saint-Jean. — Morwell. 1 v.

Hawthorne : La lettre rouge. 1 v. — La maison aux 7 pignons. 1 v.

Hildreth : L'esclave blanc. 1 v.

Howells : La passagère de l'Arowstoook. 1 v.

James : Léonora d'Orco. 1 v. — L'Américain à Paris. 1 v. — Roderick Hudson. 1 v.

Jenkin (Mrs.) : Qui casse paye. 1 v.

Jerrold (D.) : Sous les rideaux. 1 v.

Kavanagh (J.) : Tuteur et pupille. 2 v.

Kingsley : Il y a deux ans. 2 v.

Lawrence (G.) : Frontière et prison. 1 v. — Guy Livingstone. 1 v. — Honneur stérile. 1 v. — L'épée et la robe. 1 v. — Maurice Dering. 1 v. — Flora Bellassy. 1 v.

Longfellow : Drames et poésies. 1 v.

Marryat (Miss) : Deux amours. 1 v.

Marsh (Mrs) : Le contrefait. 1 v.

Mayne-Reid : La piste de guerre. 1 v. — La Quarteronne. 1 v. — Le doigt du destin. 1 v. — Le roi des Séminoles. 1 v. — Les partisans. 1 v.

Melville (Whyte) : Les gladiateurs : Rome et Judée. 1 v. — Katerfelto. 1 v. — Digby Grand. 1 v. — Kate Coventry. 1 v. — Satanella. 1 v.

Ouida : Ariane. 2 v. — Pascarel. 1 v.

Page (H.) : Un collège de femmes. 1 v.

Poynter (E.) : Hetty. 1 v.

Reade et Dion Boucicault : L'île providentielle. 1 v.

Segrave (A.) : Marmorne. 1 v.

Smith (J.) : L'héritage. 3 v.

Stephens (Miss) : Opulence et misère. 1 v.

Thackeray : Henry Esmond. 2 v. — Histoire de Pendennis. 3 v. — La foire aux vanités. 2 v. — Le livre des Snobs. 1 v. — Mémoires de Barry Lyndon. 1 v.

Thackeray (Miss) : Sur la falaise. 1 v.

Townsend (V.-E.) : Madeline. 1 v.

Trolloppe (A.) : Le domaine de Belton. 1 v. — La veuve remariée. 2 v. — Le cousin Henry. 1 v.

Trolloppe (Mrs.) : La Pupille. 1 v.

Wilkie Collins : OEuvres. 16 volumes.

Wood (Mrs) : Les filles de lord Oakburn. 2 v. — Le serment de Lady Adélaïde. 2 v. — Le maître de Greylands. 1 v. — La gloire des Verner. 1 v. — Edina. 1 v. — L'héritier de Court-Netherleigh. 1 v.

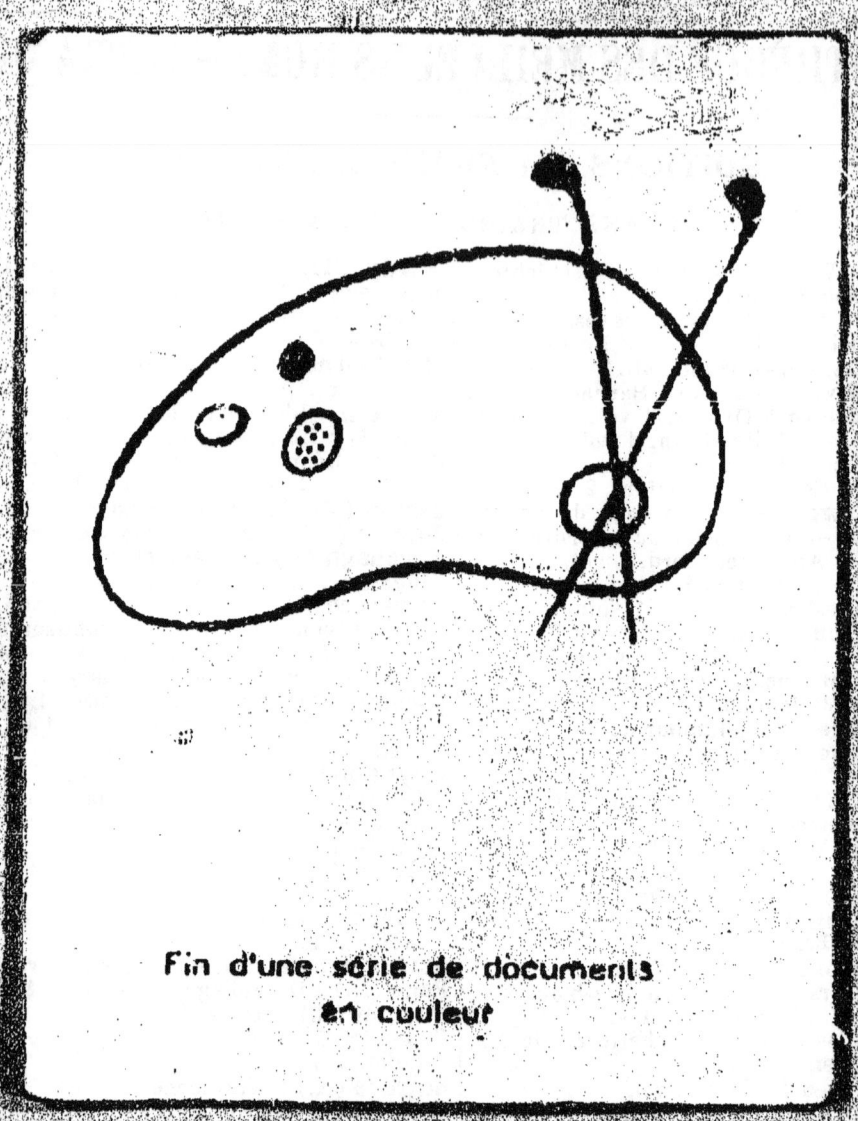

LA
MARQUE DES QUATRE

COULOMMIERS
Imprimerie PAUL BRODARD.

A. CONAN-DOYLE

LA

MARQUE DES QUATRE

ROMAN ANGLAIS

TRADUIT AVEC L'AUTORISATION DE L'AUTEUR

*par la Comtesse d'O'Rilliamson
née Polignac*

Pseudonyme : Jane Chalencon

PARIS
LIBRAIRIE HACHETTE ET Cie
79, BOULEVARD SAINT-GERMAIN, 79

1896
Tous droits réservés.

LA MARQUE DES QUATRE

I

La déduction élevée à la hauteur d'une science.

Sherlock Holmes alla prendre un flacon sur le coin de la cheminée, puis, tirant de son écrin une seringue Pravaz, de ses doigts effilés et nerveux il ajusta l'aiguille acérée au bout de l'instrument et releva sa manche gauche. Un instant ses yeux restèrent fixés avec une expression songeuse sur son avant-bras si musclé, son poignet si nerveux, l'un et l'autre remplis d'innombrables cicatrices occasionnées par toutes les piqûres qu'il se faisait. Enfin il se décida à enfoncer l'aiguille sous la peau et, après avoir pressé la tige de son instrument, il se laissa tomber dans un fauteuil de velours, en poussant un long soupir de soulagement.

Trois fois par jour depuis bien des mois j'avais assisté à pareille opération; mais je n'avais pu encore en prendre mon parti. Au contraire, de jour en jour ce spectacle m'irritait davantage; chaque nuit je sentais ma conscience se révolter devant la lâcheté qui m'empêchait de protester ouvertement contre une telle manie. Bien des fois j'avais fait le serment d'apaiser mes remords en accomplissant mon devoir; mais l'air froid, ennuyé, de mon compagnon glaçait toujours les paroles sur mes lèvres. Ses facultés extraordinaires, l'autorité que lui donnaient ses connaissances si étendues, les nombreuses preuves que j'avais eues de toutes ses qualités, tout contribuait à changer mon hésitation en inertie, tant je craignais de le contrarier.

Cependant ce jour-là, soit que je fusse encore sous l'influence du petit vin de Beaune dont j'avais arrosé mon déjeuner, soit que la manière délibérée dont il procédait m'eût particulièrement exaspéré, je me sentis incapable de me contenir davantage :

« Et qu'est-ce aujourd'hui, demandai-je, morphine ou cocaïne ? »

Il interrompit la lecture d'un vieux bouquin imprimé en caractères gothiques et leva nonchalamment les yeux sur moi :

« Cocaïne, répondit-il, solution à 7 pour 100. Auriez-vous envie d'en tâter ?

— Non, répliquai-je brusquement, je ne voudrais certes pas soumettre à pareille épreuve une santé encore mal remise de la campagne d'Afghanistan. »

Ma vivacité le fit sourire.

« Peut-être avez-vous raison, Watson, me dit-il. Je crois bien qu'au point de vue physique l'influence de cette drogue peut être pernicieuse; mais je trouve que c'est un stimulant d'une telle puissance pour activer les fonctions du cerveau et lui donner de la lucidité que peu m'importent ses effets secondaires.

— Songez donc à ce que vous faites, m'écriai-je vivement. Voyez ce que vous risquez. Vous pouvez sans doute, comme vous le dites, produire par ce moyen une surexcitation momentanée dans votre cerveau. Mais ce processus purement pathologique est un processus morbide qui va s'aggravant chaque jour et doit à la longue amener un affaiblissement certain. Ne sentez-vous pas d'ailleurs vous-même la terrible réaction qui se manifeste après chaque opération? Voyons, le jeu en vaut-il la chandelle? A quoi bon, pour une jouissance passagère, risquer de détruire les magnifiques facultés dont vous êtes doué? Remarquez bien que je ne parle pas seulement en ami, mais aussi en médecin, et comme tel je me sens jusqu'à un certain point responsable de votre santé. »

Ce petit discours, loin de le contrarier, sembla l'inciter à causer, car il s'établit confortablement dans son fauteuil, les coudes appuyés, les bouts des doigts réunis.

« Mon esprit, dit-il, ne peut rester en repos. Fournissez-moi soit des problèmes à résoudre, soit un travail à faire, proposez-moi l'énigme la plus indéchiffrable ou l'analyse la plus subtile, je me sentirai aussitôt dans l'atmosphère qui me convient. C'est alors que les stimulants artificiels me deviennent inutiles. Mais j'abhorre la stupide monotonie de la vie courante. Je ne puis vivre sans excitation intellectuelle, voilà pourquoi j'ai choisi une carrière spéciale, ou plutôt pourquoi je l'ai créée; car je suis le seul au monde de mon espèce.

— Le seul détective amateur? dis-je en soulevant mes paupières.

— Le seul détective *consultant* amateur, rectifiat-il. Je suis dans ma partie la cour d'appel la plus haute, celle qui juge en dernier ressort. Lorsque Greyson, ou Lestrade, ou Athelney Jones ne savent plus où donner de la tête — ce qui par parenthèse leur arrive plus souvent qu'à leur tour, — ils viennent m'exposer leur cas. J'examine les données du problème et je me prononce ensuite avec l'autorité qui résulte des connaissances particulières que j'ai amassées. Je ne cherche pas à me prévaloir de mes succès. Jamais vous ne verrez mon nom figurer dans un journal, mais le seul plaisir de travailler, la jouissance de découvrir un champ où je puisse exercer mes facultés spéciales, voilà pour moi les récompenses les plus enviables. D'ailleurs vous avez pu juger vous-même de ma manière de procéder dans l'affaire Jefferson Hope.

— Certainement, dis-je, jamais je n'ai été plus étonné, et même j'ai coordonné tout cela dans une petite brochure sous ce titre fantaisiste : *Étude de rouge.* »

Il secoua la tête avec tristesse.

« Je l'ai parcourue, dit-il, et vraiment je ne puis vous en féliciter. La science du détective est — ou devrait être — une science exacte. En conséquence, l'exposé doit être précis, froid et dépourvu de cette teinte romanesque que vous lui avez donnée. Votre procédé est donc faux, absolument faux, et vous me faites l'effet d'avoir voulu tirer un roman d'un théorème de géométrie.

— Mais le roman y était bien, répondis-je timidement. Je ne pouvais pourtant pas dénaturer les faits.

— Certains auraient pu être passés sous silence, ou en tout cas être mis moins en évidence. Le seul point à faire ressortir était ce procédé d'analyse si curieux qui consiste à remonter de l'effet à la cause et grâce auquel j'ai pu débrouiller la vérité. »

Cette critique d'un ouvrage destiné spécialement à être agréable à Sherlock Holmes me contrariait vivement. J'étais même irrité de cette personnalité, de cet égoïsme, qui lui faisaient exiger que chaque ligne de ma brochure fût entièrement consacrée à faire ressortir ses facultés extraordinaires et sa manière de les appliquer. Je m'étais bien aperçu plus d'une fois, depuis notre cohabitation dans la maison de Baker Street, qu'une certaine dose de vanité se mêlait à la conscience qu'il avait de son réel mérite. Je me tus cependant, me contentant de chercher une position confortable pour ma malheureuse jambe qui avait été traversée par une balle Djezaïl lors de ma campagne d'Afghanistan et qui depuis lors, tout en ne me refusant pas le service, me faisait cruellement souffrir à chaque changement de temps. Je restais là absorbé dans mes réflexions, lorsque Sherlock Holmes, rompant le silence :

« Ma clientèle s'étend maintenant jusqu'au continent, dit-il, tout en bourrant sa pipe. J'ai été consulté la semaine dernière par François Le Villard, le détective français qui commence à percer si brillamment et dont vous avez peut-être entendu parler. Il est doué de cette puissance d'intuition qui est le propre de la race celte, mais il lui manque un ensemble de connaissances exactes absolument essentiel pour atteindre la perfection dans son art. Il s'agissait d'un testament et l'affaire présentait vraiment un certain intérêt. J'ai pu le renvoyer à l'étude de deux cas identiques, celui de Riga en 1857 et celui de Saint-Louis en 1871. Cette piste l'a mené à la vraie solution. Voici la lettre que j'ai reçue de lui ce matin pour me remercier de mon concours. »

Tout en parlant, Sherlock Holmes chiffonnait une feuille de papier dans ses doigts. En la parcourant, je fus frappé de la profusion d'expressions élogieuses, telles que *magnifiques, coups de maître, tours de force*; c'était bien la preuve irrécusable de l'admiration du détective français.

« On dirait un élève s'adressant à son maître, fis-je après avoir lu.

— Oh! il exagère bien un peu l'aide que je lui ai apportée, reprit Sherlock Holmes avec une indifférence feinte. Il est lui-même très bien doué, car, sur les trois qualités indispensables au parfait détective il en possède deux. Il a le don d'observation et celui de déduction. Ce qui lui manque, c'est uniquement la science, et ceci peut toujours s'acquérir. Il traduit en ce moment mes petits ouvrages en français.

— Vos ouvrages?

— Comment? Vous ne savez pas? dit-il en souriant. Eh bien! oui, j'ai sur la conscience plusieurs brochures traitant toutes de sujets techniques. Voici le titre de l'une d'elles par exemple : *De la distinction entre les cendres provenant des différents tabacs*. J'y énumère cent quarante espèces de cigares, cigarettes et tabacs de pipe, avec des gravures en couleur représentant la différence qui existe entre toutes les cendres produites. C'est un point essentiel qui se rencontre sans cesse dans les causes criminelles et qui est souvent un indice de la plus haute importance. Affirmez d'une façon sûre et certaine qu'un crime a été commis par un homme qui fumait un lunkah indien, et vous aurez considérablement restreint le champ de vos recherches. Pour un œil exercé il y a autant de différence entre les cendres noires d'un trichinopoly et celles blanches et floconneuses du tabac « bird'seye » qu'entre un chou et une pomme de terre.

— Vous avez vraiment la spécialité des infiniment petits, remarquai-je.

— J'apprécie en effet leur importance. Tenez, j'ai publié une autre brochure sur les différences constatées entre les traces des pas, avec quelques considérations sur l'emploi du plâtre de Paris pour mouler les empreintes. J'ai encore écrit un petit traité fort curieux sur la manière dont un métier peut modifier la forme de la main, avec des gravures représentant des mains de couvreurs, de marins, de fabricants de bouchons, de compositeurs d'imprimerie, de tisserands et de tailleurs de diamants. Tout cela a un très grand intérêt pratique au point de vue de la science du détective, surtout lorsqu'on a affaire à des cadavres inconnus, ou lorsqu'on veut découvrir les antécédents d'un criminel.... Mais je vous fatigue peut-être avec mes lubies?

— Pas le moins du monde, répondis-je très franchement, vous m'intéressez au plus haut degré, surtout depuis que j'ai eu l'occasion de constater comment vous savez faire l'application de vos principes. Mais dites-moi à ce propos, vous parliez d'observation et de déduction : sûrement l'une ne va guère sans l'autre.

— Et pourquoi donc? pas toujours. »

Sur cette réponse il se renversa paresseusement dans son fauteuil en tirant de sa pipe de petits nuages bleus.

« Tenez, en voulez-vous un exemple? L'observation me prouve que vous avez été ce matin au bureau de poste de Wigmore Street, mais la déduction m'amène à vous dire que vous y avez envoyé un télégramme.

— Parfaitement exact, dis-je, sur les deux points. Mais comment le savez-vous? Car je suis entré là par hasard et je ne l'ai dit à personne.

— C'est jeu d'enfant, répondit-il en souriant de ma surprise, et c'est tellement simple qu'il est presque superflu de l'expliquer; cependant voilà un exemple bien fait pour déterminer les limites qui séparent l'observation de la déduction.

Ainsi l'observation me prouve que vos chaussures conservent un peu de boue rougeâtre. Eh bien! à l'entrée du bureau de Wigmore Street on a défoncé la rue et rejeté de la terre sur laquelle on est forcément obligé de passer. Cette terre a une teinte rougeâtre spéciale et qu'à ma connaissance on ne retrouve nulle part ailleurs dans le voisinage. Voilà où s'arrête l'observation, le reste est du domaine de la déduction.

— Dites-moi donc comment vous avez procédé pour découvrir que j'avais envoyé un télégramme.

— Eh bien! voici : je sais que vous n'avez pas écrit de lettre, puisque nous sommes restés ensemble toute la matinée. J'avais vu aussi sur votre bureau une provision de timbres et tout un paquet de cartes postales. Pourquoi donc seriez-vous entré dans un bureau de poste, si ce n'était pour envoyer un télégramme? En éliminant toutes les autres suppositions, la seule qui reste est la vraie.

— Dans ce cas-ci, vous avez raison, répondis-je après un instant de réflexion. C'est évidemment très simple. Mais m'en voudriez-vous si je soumettais vos théories à une plus sévère épreuve?

— Au contraire, répondit-il, car cela m'empêcherait de prendre une seconde dose de cocaïne. Je serai ravi de déchiffrer tout problème que vous voudrez bien me proposer.

— Je vous ai entendu dire qu'il était difficile de posséder un objet d'emploi usuel sans y laisser une empreinte de son individualité suffisante pour qu'un observateur exercé puisse y lire bien des choses. Or, voici une montre que j'ai seulement depuis peu de temps. Auriez-vous la bonté de me donner votre opinion sur le caractère, ou sur les habitudes, de son précédent propriétaire ? »

Je lui tendis la montre, persuadé que j'allais m'amuser à ses dépens, car l'épreuve me semblait au-dessus de ses forces et je comptais en profiter pour rabattre son ton doctoral. Il soupesa la montre, regarda attentivement le cadran, ouvrit le boîtier et examina les rouages, d'abord à l'œil nu, puis avec une forte loupe. J'eus peine à dissimuler un sourire en voyant l'air morne et le mouvement brusque avec lequel il referma le boîtier et me rendit la montre.

« Elle ne dit pas grand'chose, dit-il. Cette montre vient d'être nettoyée et cela restreint beaucoup le champ de mes observations.

— Vous avez raison, répondis-je, elle a été en effet nettoyée avant de m'être envoyée. »

J'accusais intérieurement mon camarade de couvrir son insuccès d'une bien piteuse excuse. Quelles autres données cette montre aurait-elle pu lui fournir quand bien même elle n'aurait pas été nettoyée récemment ?

« Mes observations, quoique peu satisfaisantes, n'ont cependant pas été absolument infructueuses, ajouta-t-il, fixant au plafond un regard morne et songeur. Sauf rectification de votre part, je serais enclin à penser que cette montre vous vient de votre frère aîné qui en hérita lui-même de votre père.

— Ce sont sans doute les initiales H. W., gravées sur le boîtier, qui vous font croire cela.

— Précisément. Le W. se rapporte à votre nom de famille ; de plus, cette montre a été fabriquée il y a une cinquantaine d'années et le chiffre a été gravé en même temps. Elle a donc été faite pour la génération qui précède la nôtre. Or, si j'ai bonne mémoire, votre père est décédé depuis plusieurs années. Comme les bijoux font généralement partie du lot qui échoit dans l'héritage au fils aîné, et que celui-ci porte souvent le même nom que son père, j'en conclus que cette montre devait se trouver depuis la mort de votre père entre les mains de votre frère aîné.

— Tout cela est vrai. Et ensuite ?

— Votre frère était un homme insouciant, plus qu'insouciant, désordonné. Il avait son avenir assuré, mais n'a pas su en profiter; il a passé une partie de sa vie dans la misère, tout en connaissant de temps à autre des jours plus fortunés. En fin de compte, il s'est adonné à la boisson et il en est mort. Voilà à quoi se bornent mes découvertes. »

Je bondis de ma chaise et me mis à arpenter nerveusement la chambre avec une mauvaise humeur non déguisée.

« Ceci n'est pas digne de vous, Holmes, m'écriai-je; jamais je n'aurais cru que vous pussiez vous abaisser jusque-là. Vous avez évidemment fait une enquête sur l'histoire de mon malheureux frère, et vous en profitez maintenant pour paraître ne l'apprendre qu'à l'aide de moyens fantastiques; car vous n'espérez pas me faire croire que cette vieille montre ait pu vous faire de telles révélations ! C'est un mauvais procédé de votre part, et, pour parler franc, ce n'est que du charlatanisme !

— Mon cher docteur, reprit Holmes avec douceur, veuillez, je vous prie, agréer mes excuses. Je n'avais considéré que le problème en lui-même, oubliant combien la question vous touchait de près et pouvait vous être pénible. Je vous donne ma parole, cependant, que je ne soupçonnais pas l'existence de votre frère avant que vous m'eussiez fait voir cette montre.

— Mais, alors, par quel miracle avez-vous pu découvrir ce que vous m'avez dit? car tout cela est parfaitement exact!

— Vraiment? Eh bien! c'est de la chance, je n'avais que des probabilités et je n'espérais pas être tombé si juste.

— Mais vous ne vous êtes cependant pas borné à deviner.

— Non, non, je ne devine jamais. C'est là une détestable habitude qui détruit toute logique. Comme vous n'êtes pas initié au cours que suivent mes pensées, vous ne pouvez voir combien l'observation de faits, insignifiants en apparence, arrive à me fournir les renseignements les plus utiles. Aussi tout cela vous paraît-il merveilleux! Tenez, je vous ai d'abord dit que votre frère n'avait ni soin ni ordre. Regardez bien le boîtier: vous remarquerez qu'il est tout couturé et rayé, ce qui prouve l'habitude de porter dans la même poche des objets durs tels que des sous ou des clefs. Il ne faut pas être très malin pour conclure qu'un homme qui en use d'une façon aussi insouciante avec une montre de cinquante louis n'a pas beaucoup d'ordre. Est-il plus difficile de déduire en même temps que l'héritier d'un bijou de cette valeur devait naturellement se trouver dans une situation prospère? »

Je fis un signe d'assentiment et il continua :

« Bien souvent les prêteurs sur gage, en Angleterre, ont l'habitude de graver avec une épingle, dans l'intérieur des montres qu'on leur confie, le numéro du reçu qu'ils donnent en échange.

« C'est plus commode qu'une étiquette, puisque ce numéro ne peut s'égarer et qu'une erreur devient ainsi impossible. Or, il n'y a pas moins de quatre numéros de ce genre, visibles à la loupe sur l'intérieur du boîtier, preuve que votre frère se trouvait souvent dans une situation précaire, mais preuve aussi qu'il avait par moments des retours de fortune qui lui permettaient de rentrer en possession de sa montre. Enfin, veuillez regarder le boîtier intérieur : vous y verrez des milliers d'éraflures produites par la clef autour des trous destinés à la recevoir. Croyez-vous qu'un homme qui n'aurait pas eu des habitudes d'intempérance aurait eu tant de peine à introduire une clef dans son trou? Sachez-le bien, toutes les montres appartenant à des ivrognes ont des marques semblables. Ils veulent remonter leur montre le soir, leur main tremble et la clef s'échappe. Qu'y a-t-il de si mystérieux dans tout cela?

— C'est clair comme le jour, répondis-je, et je regrette d'avoir été si injuste vis-à-vis de vous. J'aurais dû avoir plus de confiance dans vos merveilleuses facultés. Mais serait-il indiscret de vous demander si vous avez en ce moment quelque affaire sur le chantier?

— Aucune, et c'est pourquoi je m'adonne à la cocaïne. Je ne puis vivre sans un travail intellectuel quelconque. D'ailleurs quel autre but y a-t-il dans la vie? Ouvrez la fenêtre et voyez ce qui se passe. Que ce monde est triste, lugubre et vide! Le brouillard jaunâtre s'abat sur les rues, il recouvre les maisons qu'il assombrit. Désespérance, prosaïsme, vile matière, voilà ce qui nous entoure! A quoi bon l'intelligence si elle n'a pas un champ où s'exercer? Tout n'est que monotonie, docteur, la vie comme le crime, et les facultés qui concourent à cette monotonie universelle sont les seules qui aient droit d'asile sur cette terre. »

J'ouvrais déjà la bouche pour répondre à cette

étrange théorie, lorsque notre propriétaire frappa un petit coup sec à la porte et entra, portant une carte sur un plateau.

« Il y a là une jeune fille qui demande Monsieur », dit-elle, en s'adressant à mon compagnon.

« Miss Mary Morstan, lut-il sur la carte. Hum ! je n'ai aucune souvenance de ce nom. Madame Hudson, demandez donc à cette jeune personne d'entrer. Ne vous en allez donc pas, docteur. Je préfère que vous restiez là. »

II

Exposé de l'affaire.

Calme, presque compassée, miss Morstan fit son entrée. C'était une jeune personne blonde, de taille moyenne, très soignée d'extérieur, irréprochablement gantée et mise avec un goût parfait. Il y avait malgré cela dans son costume une certaine simplicité qui indiquait une fortune modeste. Sa robe était beige foncé, sans aucune garniture, et son chapeau se composait d'une petite toque de même étoffe, relevée seulement d'un côté par une légère plume blanche. Rien de régulier dans les traits, rien de remarquable dans le teint, mais l'ensemble était aimable et séduisant et de grands yeux bleus animaient cette physionomie et la rendaient éminemment sympathique.

Dans les trois parties du monde que j'avais parcourues, dans les nombreux pays que j'avais traversés, jamais il ne m'était arrivé de rencontrer une figure reflétant plus clairement la délicatesse et la sensibilité. Je m'aperçus, au moment où elle prit le siège que Sherlock Holmes lui tendait, que ses lèvres s'agitaient, que sa main tremblait, qu'en un mot tout dénotait en elle une violente émotion intérieure.

« Je viens vous trouver, monsieur Sherlock Holmes, lui dit-elle, parce que Mrs Cecil Forrester, chez laquelle je suis placée, m'a raconté avec quelle habileté vous aviez su démêler la vérité dans un ennui domestique qu'elle a eu jadis. Votre talent non moins que votre bonté ont fait sur elle la plus vive impression.

— Ah, oui, Mrs Cecil Forrester, reprit-il, je crois me rappeler lui avoir rendu un léger service. Mais, si j'ai bonne mémoire, il s'agissait d'une affaire bien peu compliquée.

— Tel n'était pas son avis, repondit miss Morstan. En tout cas vous ne pourrez guère appliquer la même épithète au cas qui m'amène. Il est difficile — je crois même qu'il est impossible —

d'imaginer une situation plus étrange et plus complètement inexplicable que celle dans laquelle je me trouve. »

Holmes se frotta les mains, et une flamme s'alluma dans ses yeux. Il se pencha en avant, la curiosité la plus vive se peignant sur ses traits dont le fin profil lui donnait tant de ressemblance avec un oiseau de proie.

« Exposez votre affaire », dit-il, avec le ton sec d'un homme de loi.

Je craignais d'être importun.

« Vous voudrez bien m'excuser », fis-je, en me levant.

Mais, à ma grande surprise, la jeune fille elle-même mit la main sur mon bras pour me retenir.

« Si votre ami, dit-elle à Holmes, avait la bonté de rester, je lui en serais très reconnaissante. »

Je me rassis donc.

« Voici en quelques mots le résumé des faits. Mon père, officier dans un régiment indien, me renvoya en Angleterre lorsque j'étais toute jeune encore. J'avais perdu ma mère et je me trouvais sans parents. Je fus placée dans une bonne pension à Édimbourg et j'y restai jusqu'à ma dix-septième année. En 1878, mon père, qui se trouvait être le plus ancien des capitaines de son régiment, obtint un congé d'un an et revint en Angleterre. Il me télégraphia de Londres qu'il était arrivé à bon port et me pria de venir le rejoindre sur l'heure à l'hôtel Langham. Autant que je m'en souviens, son message était très tendre et très affectueux. En arrivant à Londres, je me fis conduire en voiture à l'hôtel et là j'appris que le capitaine Morstany était bien descendu en effet, mais qu'il était sorti la veille au soir et qu'il n'était pas rentré depuis. J'attendis toute la journée sans recevoir aucune nouvelle de mon père. Le soir, sur l'avis du maître de l'hôtel, j'avisai la police et, le lendemain, je fis insérer des annonces dans tous les journaux. Les recherches n'aboutirent à aucun résultat, et depuis ce jour jusqu'à maintenant, jamais personne n'a plus entendu parler de mon infortuné père. Il rentrait le cœur joyeux, espérant trouver la paix, le repos ; au lieu de cela.... »

Elle porta la main à sa gorge et un sanglot lui coupa la parole.

« La date ? » demanda Sherlock Holmes en ouvrant son carnet.

« C'est le 3 décembre 1878 — il y a près de dix ans — qu'on le vit pour la dernière fois.

— Et ses bagages ?

— Ils étaient restés à l'hôtel, mais ils ne contenaient rien qui ait pu fournir quelque indice : des vêtements, des livres et surtout beaucoup de bibelots et d'objets curieux provenant de l'archipel Andaman, car il avait fait partie de la garnison chargée de surveiller les condamnés relégués dans ces îles.

— Avait-il des amis dans Londres?

— Un seul à ma connaissance, le major Sholto, du même régiment que lui, du 34e fusiliers de Bombay. Le major avait pris sa retraite quelque temps auparavant et demeurait à Upper Norwood. On a été naturellement aux renseignements auprès de lui, mais il ne savait même pas que son ancien camarade eût débarqué en Angleterre.

— Singulière affaire, remarqua Holmes.

— Cependant je ne vous ai pas encore dit ce qu'il y a de plus singulier dans tout cela. Il y a environ six ans — ou plutôt, pour donner la date précise, le 4 mai 1882 — je lus dans le *Times* une annonce demandant l'adresse de miss Mary Morstan et ajoutant qu'il y allait de son intérêt personnel. Mais le demandeur n'indiquait ni son nom, ni son domicile. Je venais d'entrer comme institutrice dans la famille de Mrs Cecil Forrester et, d'après son conseil, j'insérai mon adresse à la colonne des annonces. Le même jour, je reçus par la poste une petite boîte en carton contenant une très grosse perle d'un orient magnifique. Pas un mot d'écrit n'accompagnait cet envoi. Depuis lors, chaque année à la même date, j'ai reçu une boîte semblable contenant une perle aussi belle, sans aucun indice qui pût faire connaître l'expéditeur. Un expert a déclaré que ces perles étaient d'une espèce fort rare et d'une très grande valeur. Du reste, vous pouvez en juger par vous-même. »

Et, tout en parlant, elle ouvrit une petite boîte et nous montra les six plus belles perles que j'aie vues de ma vie.

« Votre récit est des plus intéressants, dit Sherlock Holmes. Vous est-il arrivé autre chose ?

— Oui, et pas plus tard qu'aujourd'hui ; c'est même ce qui m'amène chez vous. Ce matin j'ai reçu la lettre que voici et dont vous tiendrez sans doute à prendre connaissance.

— Merci, dit Holmes. Donnez-moi aussi l'enveloppe, je vous prie. — Timbrée de Londres S. W. et datée du 7 juillet. — Hum ! empreinte d'un pouce d'homme sur le coin, probablement du facteur. — Qualité du papier : supérieure. — Enveloppe à 0 fr. 60 le paquet. C'est un homme évidemment soucieux d'avoir du bon papier à lettre. Pas de marque de fournisseur. « Trouvez-« vous ce soir, à sept heures, devant le Lyceum « Théâtre près de la troisième colonne en partant « de la gauche. Si vous craignez quelque chose, « faites-vous accompagner de deux amis. Vous « êtes une victime, mais on vous fera rendre jus-« tice. N'amenez pas de gens de police. Tout « serait perdu. Votre ami inconnu. » Eh bien ! oui, franchement, il y a là un joli mystère à débrouiller. Que comptez-vous faire, miss Morstan?

— C'est justement ce que je viens vous demander.

— Alors, mon avis est d'aller au rendez-vous avec moi et avec... mon Dieu, pourquoi pas ? avec le Dr Watson ; c'est précisément l'homme qu'il nous faut, puisque votre correspondant vous dit d'amener deux amis, et lui et moi nous avons travaillé en collaboration plus d'une fois.

— Mais sera-t-il assez bon pour venir ? demanda-t-elle d'une voix suppliante.

— Je serai heureux et fier, répondis-je avec l'accent le plus convaincu, de pouvoir vous être utile.

— Que vous êtes bons tous les deux ! reprit-elle. J'ai mené une vie très retirée et n'ai pas d'amis auxquels je puisse m'adresser. Il suffira, je pense, que je vienne vous prendre ici à six heures.

— Oui, mais pas plus tard, dit Holmes. — Encore une question. Cette écriture est-elle la même que celle employée pour les adresses mises sur les boîtes de perles?

— J'ai toutes ces adresses sur moi, répondit-elle en tirant de sa poche six bandes de papier.

— Vous êtes assurément le modèle des clients, car vous avez le sentiment très juste de ce qui peut être important. Voyons ce qui en est. »

Il étala les papiers sur la table et je remarquai qu'il les examinait en faisant aller rapidement ses yeux de l'un à l'autre.

« Quoique l'écriture des adresses soit déguisée et que celle de la lettre ne le soit pas, prononça-t-il au bout d'un moment, il est bien certain cependant que les deux émanent de la même main. Voyez comme tous les *c* minuscules sont pointus du haut, comme les *s* finales sont invariablement suivies du même paraphe. C'est assurément le même individu qui a tracé toutes ces lettres. Je serais désolé de vous donner un faux espoir, miss Morstan, mais y a-t-il une ressemblance quelconque entre cette écriture et celle de votre père?

— Absolument aucune.

— Je le pensais bien. Nous vous attendrons donc à six heures. Voulez-vous me permettre de garder ces papiers, car il n'est que trois heures et demie, et je vais avoir le temps de travailler un peu cette affaire. Au revoir donc.

— Au revoir », répéta notre visiteuse, et après avoir promené son regard sympathique et aimable sur chacun de nous, elle reprit la boîte aux perles et se retira.

De la fenêtre, je la regardai s'éloigner d'un pas rapide et cadencé jusqu'à ce que sa petite toque à plume blanche se fût perdue au milieu de la foule.

« Quelle femme séduisante! » m'écriai-je en m'adressant à mon compagnon.

Il avait rallumé sa pipe et fumait étendu, les paupières closes.

« Vraiment? dit-il, d'un air indifférent, je ne l'ai pas remarqué.

— Vous n'êtes qu'un automate, une machine à raisonnement, m'écriai-je. Positivement, il y a des moments où vous n'êtes plus un homme. »

Mon indignation le fit sourire.

« Il est d'une importance capitale, dit-il, de ne pas laisser influencer son jugement par des impressions personnelles. Je considère un client comme une simple unité, un facteur dans un problème. Toute question de sentiment fausse le jugement. Tenez, la femme la plus séduisante que j'aie jamais vue a été pendue pour avoir empoisonné trois jeunes enfants après les avoir assurés sur la vie à son profit, tandis que l'homme le plus repoussant que je connaisse est un philanthrope qui a dépensé plus de cinq ou six millions pour soulager la misère dans Londres.

— Dans ce cas-ci, cependant....

— Dans aucun cas je ne fais d'exceptions. Lorsqu'on en admet, on fausse les règles. — Avez-vous jamais fait de la graphologie? Que pensez-vous de cette écriture?

— Elle est lisible et régulière, répondis-je; elle doit appartenir à un homme dans les affaires, et à un homme assez énergique. »

Holmes secoua la tête.

« Examinez les lettres allongées, dit-il, elles dépassent à peine les autres. Ce *d* pourrait être un *a* et cet *l* un *e*. Les gens énergiques, quelque illisibles qu'ils soient, allongent toujours davantage ces lettres-là. D'ailleurs les *k* dénotent un caractère hésitant et les lettres majuscules la suffisance. — Maintenant je vais sortir, car j'ai une petite enquête à faire, mais je serai de retour dans une heure. Je vous recommande, en attendant, ce livre, un des plus remarquables qui aient jamais été écrits. C'est *le Martyr de l'homme*, de Winwood Reade. »

Je m'assis près de la fenêtre, le livre à la main, mais mon esprit était bien loin des théories hardies énoncées par l'auteur. Je pensais à la jeune personne qui venait de nous quitter. Je me rappelais son sourire, sa voix si chaude et d'un timbre si sympathique et je cherchais quel pouvait être l'étrange mystère qui enveloppait son existence. Puisqu'elle avait dix-sept ans à l'époque de la disparition de son père, cela lui en donnait vingt-sept maintenant, âge charmant où la témérité de la jeunesse est déjà assagie par les leçons de l'expérience. Je me laissais bercer ainsi par une douce rêverie, lorsque, sentant tout à coup la pente dangereuse sur laquelle s'acheminaient mes pensées, je me levai brusquement et me précipitai à mon bureau pour me plonger dans un ouvrage de pathologie récemment paru. Qu'étais-je en effet? Un pauvre chirurgien militaire, traînant une jambe malade! Comment donc pouvais-je me permettre de semblables rêves? Non, selon l'expression de Holmes, cette jeune femme ne devait être pour moi qu'une unité, un simple facteur dans le problème. Si mon avenir était sombre, mieux valait assurément l'envisager bravement en face que de chercher à l'éclairer par les feux follets de mon imagination.

III

A la recherche d'une solution.

Il était cinq heures et demie lorsque Holmes rentra. Il paraissait gai, de très bonne humeur et, en attendant qu'il reprît, comme c'était son habitude dans les cas pareils, un air sombre et morose, il se montrait fort animé.

« Toute cette affaire n'est pas bien mystérieuse, dit-il, en buvant la tasse de thé que je lui avais versée. Je ne vois guère qu'une explication plausible.

— Quoi! vous avez déjà résolu le problème?

— Résolu, mon Dieu, ce serait trop dire. J'ai seulement découvert un fait qui peut nous mener très loin, bien que tous les détails qui l'environnent me manquent encore. Je viens de trouver, en consultant la collection du *Times*, que le major Sholto, demeurant à Upper Norwood et ex-officier au 34ᵉ fusilliers de Bombay, était mort le 8 avril 1882.

— Je suis peut-être bien peu intelligent, Holmes, mais je ne vois pas de quelle utilité cette indication peut être.

— Vraiment? Vous m'étonnez. — Eh bien! écoutez. Le capitaine Morstan disparaît. La seule personne avec laquelle il soit en relations à Londres est le major Sholto, et celui-ci affirme n'avoir pas su la présence de son ancien camarade dans la capitale. Cependant, quatre ans après, Sholto meurt, *et juste une semaine après cette mort*, la fille du capitaine Morstan reçoit un présent d'une grande valeur qui se renouvelle chaque année; enfin dernièrement on lui écrit qu'elle est une malheureuse victime. Pourquoi victime? A quoi peut se rapporter ce mot, si ce n'est à la disparition de son père? Que signifient ces cadeaux qu'on commence à lui envoyer, aussitôt après la mort de Sholto, si ce n'est que l'héritier de ce Sholto est au courant du mystère qui a entouré la fin de Morstan et trouve qu'il doit à la fille une réparation? Voyons, avez-vous une autre solution qui puisse cadrer avec tous ces faits?

— Mais quelle étrange réparation! et quelle singulière manière de s'y prendre! Pourquoi écrirait-on plutôt maintenant qu'il y a six ans? Il est vrai que la lettre parle bien de faire rendre justice. Mais comment? On ne peut vraiment supposer que le père de miss Morstan vive encore et nous ne connaissons pas d'autre fait auquel ce terme de « rendre justice » puisse s'appliquer. »

Sherlock Holmes devint pensif.

« Évidemment, il y a là bien des lacunes, dit-il; espérons que notre expédition de ce soir les comblera toutes. — Ah! voici le fiacre qui amène miss Morstan. Êtes-vous prêt? Il faut partir, l'heure fixée est déjà passée. »

Je pris mon chapeau et une canne plombée et je remarquai que Holmes, tirant son revolver d'un tiroir, le glissait dans sa poche. Il pensait évidemment que notre expédition pouvait devenir sérieuse.

Miss Morstan était emmitouflée dans un manteau de couleur sombre. Rien sur ses traits ne trahissait les émotions qu'elle devait ressentir, si ce n'est une légère pâleur; mais il eût fallu être de bronze pour ne pas éprouver quelque malaise en s'embarquant dans une entreprise du genre de la nôtre. Elle restait cependant parfaitement maîtresse d'elle-même et c'est avec une entière lucidité d'esprit qu'elle répondit aux quelques questions complémentaires posées par Sherlock Holmes.

« Le major Sholto était très lié avec mon père qui parlait souvent de lui dans ses lettres, nous dit-elle. Ils étaient tous les deux officiers aux îles Andaman, ce qui les avait fait vivre dans une grande intimité. A ce propos, on a trouvé dans le bureau de mon père un papier fort curieux que personne n'a pu comprendre. Je ne suppose pas qu'il ait la moindre importance, mais j'ai pensé que vous voudriez cependant le voir et je vous l'ai apporté; le voici. »

Holmes déplia le papier avec soin et l'étala sur son genou, puis il l'examina très scrupuleusement avec sa loupe.

« C'est du papier de fabrication indienne, remarqua-t-il, et cette feuille est restée quelque temps épinglée sur une planche. Ce dessin semble être le plan d'un vaste bâtiment comprenant un grand nombre de cours, de corridors et de couloirs. Je vois aussi là une petite croix à l'encre rouge et au-dessus, écrit d'un crayon un peu effacé : « 3,37 en partant de la gauche ». Dans le coin gauche, il y a un hiéroglyphe curieux ressemblant à quatre croix tracées sur la même ligne et se touchant entre elles. A côté, est écrit en caractères inégaux et grossiers : « La marque « des Quatre : Jonathan Small, Mahomet Singh, « Abdullah Khan, Dost Akbar ». Non, j'avoue que je ne vois pas le rapport que cela peut avoir avec notre affaire. Cependant ce document doit posséder une sérieuse importance. Il a été conservé avec soin dans un portefeuille, car l'endroit et l'envers sont aussi immaculés l'un que l'autre.

— Nous l'avons trouvé en effet dans le portefeuille de mon père.

— Eh bien ! gardez-le précieusement, miss Morstan, car il pourra nous être utile. Je commence à penser que cette affaire est beaucoup plus sérieuse et plus compliquée que je ne l'avais cru au début. J'ai besoin de coordonner un peu mes idées. »

Il se renversa dans le fond de la voiture et je voyais à son front plissé et à ses yeux vagues que son esprit travaillait activement. Miss Morstan et moi, nous nous mîmes à causer à voix basse de notre expédition et de ses conséquences possibles, mais notre compagnon ne se départit pas de son silence jusqu'au terme de notre course.

C'était un soir de septembre, vers sept heures environ ; la journée avait été sombre et un brouillard très dense s'étendait sur la ville. D'épais nuages obscurcissaient le ciel, donnant un air encore plus lugubre aux rues boueuses. Dans le Strand, les becs de gaz étaient réduits à jouer le rôle de tristes lampions éclairant à peine à quelques pas le pavé gluant. Les illuminations brillantes des boutiques s'éteignaient au milieu du brouillard et ne jetaient plus que des lueurs incertaines sur les passants de la rue. Il y avait quelque chose de fantastique dans cette succession indéfinie de visages, gais ou tristes, heureux ou misérables, qui se remplaçaient tour à tour sous les pâles rayons de cette lumière affaiblie : image de l'humanité qui sort des ténèbres, paraît à la lumière et se replonge ensuite dans l'obscurité ! Je ne suis pas très impressionnable par nature ; cependant cette soirée lugubre, notre étrange expédition, tout contribuait à me rendre nerveux et mal à l'aise. Je devinais que miss Morstan n'était pas moins émue que moi. Holmes seul était trop maître de lui pour se laisser influencer ainsi. Il tenait son calepin ouvert sur ses genoux et de temps à autre, à la lueur de sa lanterne de poche, il y traçait un signe ou une annotation.

Quand nous arrivâmes au Lyceum Théâtre, il y avait déjà foule devant les entrées latérales, et sous le portique une longue file de hansoms, de fiacres et de voitures de maître se succédait, y déposant leurs clients des deux sexes, les uns en cravate blanche, les autres dissimulant leurs diamants sous de riches manteaux. A peine avions-nous atteint le troisième pilier, lieu fixé pour notre rendez-vous, qu'un petit homme brun et à tournure dégagée, habillé comme un cocher de fiacre, nous accosta.

« Escortez-vous miss Morstan ? nous demanda-t-il.

— Je suis Miss Morstan en personne, répondit-elle, et ces deux Messieurs sont mes amis. »

Notre interlocuteur s'approcha, fixant sur nous des yeux perçants et inquisiteurs.

« Veuillez m'excuser, mademoiselle, dit-il d'un ton brusque, mais je dois vous demander de me donner votre parole qu'aucun de vos compagnons n'appartient à la police.

— Je vous en donne ma parole », répondit-elle.

Il fit entendre alors un léger coup de sifflet, et à ce signal s'avança un fiacre dont il ouvrit la portière. L'homme monta sur le siège, tandis que nous prenions place dans l'intérieur. Le cocher fouetta son cheval aussitôt et nous partîmes à une allure des plus rapides.

Il faut avouer que notre situation était plutôt bizarre. Nous nous dirigions vers une destination inconnue, dans un but encore ignoré. Et cependant, ou tout cela n'était qu'une simple mystification, — hypothèse inadmissible, — ou bien notre voyage allait, selon toute apparence, être suivi des conséquences les plus sérieuses. L'attitude de miss Morstan était toujours aussi déterminée et aussi pleine de sang-froid. Je tentai de la distraire en lui racontant quelques épisodes de ma vie en Afghanistan; mais, pour dire la vérité, j'étais moi-même si excité par l'étrangeté de l'aventure et si curieux de savoir où on nous menait que je m'embrouillais légèrement dans mes récits. Elle prétend encore aujourd'hui que je lui ai raconté une palpitante histoire où il était question d'une carabine qui vint tout à coup me regarder sous ma tente au milieu de la nuit et d'un jeune tigre rayé avec lequel je fis feu des deux coups. Au début, j'eus quelque idée de la direction que nous prenions, mais la rapidité avec laquelle nous marchions, le brouillard et mon ignorance de la topographie de Londres me firent bientôt perdre tout point de repère. Je constatai seulement que le trajet était très long. Sherlock Holmes, lui, n'était jamais pris en défaut, et il murmurait les noms à mesure que le fiacre roulait à travers les places et les rues tortueuses des faubourgs.

« Rochester Row, dit-il, puis, Vincent Square. — Ah! nous voici sur la route du Pont de Vauxhall. Nous allons sûrement du côté des Surrey. — Oui, je m'en doutais. — Nous sommes sur le pont; on voit même la rivière. »

Nous eûmes en effet un aperçu fugitif de la Tamise, avec les becs de gaz se reflétant sur la nappe d'eau calme et silencieuse. Mais notre fiacre continuait sa course folle et déjà roulait sur l'autre rive où il traversait tout un labyrinthe de rues.

« Wordsworth Road, reprit notre compagnon, Priory Road, Lark Hall Lane, Stockwell Place, Robert Street, Cold Harbour Lane. Notre expédition ne semble pas nous emmener vers les quartiers élégants. »

Nous entrions en effet dans un faubourg sale et repoussant où les longues et sombres rangées de maisons bâties en briques étaient seulement éclairées çà et là par la lueur criarde des boutiques de marchands de vin. Puis une succession de villas à deux étages, toutes précédées d'un jardin minuscule, et de nouveau encore ces interminables lignes de grandes constructions de briques. Ce sont là les tentacules monstres que la grande cité, pieuvre immense, jette dans la campagne. Enfin le fiacre s'arrêta à la troisième maison d'une rangée de constructions neuves. Les bâtiments alentour étaient tous inhabités et celui devant lequel nous nous trouvions présentait une apparence aussi triste que les autres. On n'y voyait aucune lumière, sauf à la fenêtre de la cuisine. A peine cependant avions-nous frappé, qu'un serviteur indien vint nous ouvrir la porte. Il portait sur la tête un turban jaune et était vêtu de vêtements amples, retenus par une ceinture également jaune. C'était un contraste étrange que cette silhouette orientale apparaissant dans ce faubourg de Londres, sur le seuil d'une vilaine maison de troisième ordre.

« Le sahib vous attend », dit-il. Et nous entendîmes aussitôt une voix perçante qui criait de l'intérieur :

« Introduis-les, Khitmutgar, introduis-les tout de suite. »

IV

Récit de l'homme chauve.

Nous suivîmes l'Indien à travers un corridor sale, mal éclairé et plus mal tapissé encore. Arrivé au fond, il ouvrit une porte sur la droite, et nous aperçûmes à la clarté d'une lampe un petit homme à la tête pointue dont le crâne luisant dominait une couronne de cheveux roux, à la manière d'un pic neigeux émergeant des sapins. Il se tortillait les mains sans interruption et ses traits n'étaient jamais au repos, se contractant tantôt dans un sourire, tantôt dans une affreuse grimace. Sa lèvre pendante laissait voir une rangée proéminente de dents jaunes et mal plantées qu'il cherchait vainement à dissimuler en passant constamment la main sur la partie inférieure de son visage. Malgré sa calvitie, il avait l'air plutôt jeune et n'avait en effet qu'une trentaine d'années.

« Votre serviteur, miss Morstan, répéta-t-il à plusieurs reprises d'une voix grêle et stridente; votre serviteur, messieurs. Entrez, je vous prie, dans mon petit sanctuaire. C'est tout petit, mademoiselle, mais meublé selon mes goûts, une véritable oasis de l'art dans le désert bruyant des quartiers sud de Londres. »

L'aspect de l'appartement dans lequel il nous introduisit nous frappa de surprise; en rencontrant cette pièce luxueuse dans cette misérable maison, on ressentait l'effet que produirait la vue du diamant le plus rare enchâssé dans une vulgaire monture de cuivre. Les murs étaient recouverts des tentures et des tapisseries les plus riches relevées çà et là pour laisser voir quelque vase d'Orient, ou quelque tableau luxueusement encadré.

Les tapis noir et jaune étaient si moelleux et si épais que le pied s'y enfonçait agréablement comme dans un lit de mousse. Deux énormes peaux de tigre jetées négligemment par terre et un grand narghileh posé sur une natte dans un coin complétaient ce tableau de luxe oriental. Au plafond était suspendue par un fil d'or presque invisible une lampe en forme de colombe qui répandait en brûlant un parfum aromatique.

« Je suis monsieur Thaddeus Sholto », fit le petit homme, tout en continuant à grimacer et à sourire. « Vous êtes miss Morstan naturellement, et ces messieurs...?

— Monsieur Sherlock Holmes et le docteur Watson.

— Un docteur, vraiment? cria-t-il, très excité. Avez-vous votre stéthoscope, docteur? Puis-je vous demander?... seriez-vous assez bon?... Enfin voilà : j'ai beaucoup d'inquiétude au sujet de ma veine cave, et si vous aviez la complaisance.... Oh! pour l'aorte je ne crains rien, mais au sujet de la veine cave, je tiendrais infiniment à avoir votre opinion. »

J'auscultai son cœur comme il me le demandait, sans y rien trouver d'anormal; seulement, au tremblement qui le secouait de la tête aux pieds, il était facile de constater la frayeur qui l'agitait.

« Tout me semble fonctionner régulièrement, dis-je. Vous n'avez rien à craindre.

— Vous voudrez bien excuser mon inquiétude, n'est-ce pas, miss Morstan? reprit-il tout joyeux Je suis bien malade, et depuis longtemps j'avais de grandes craintes. Aussi suis-je enchanté d'apprendre qu'elles sont sans motif. Si votre père, miss Morstan, avait mieux soigné sa maladie de cœur, il serait encore vivant à l'heure qu'il est. »

Je fus révolté d'entendre cet homme parler de cette façon légère et brutale d'un sujet aussi douloureux. Miss Morstan devint d'une pâleur de cire et fut obligée de s'asseoir.

« Mon cœur m'avait bien dit qu'il n'était plus de ce monde, murmura-t-elle.

— Je puis vous donner tous les renseignements à ce sujet, ajouta-t-il, et, qui plus est, vous faire rendre justice, et je le ferai, je vous le jure, malgré tout ce qu'essaiera de dire mon frère Bartholomé. Je suis très heureux d'avoir ici vos amis; car ils ne vous serviront pas seulement d'escorte, mais ils seront encore les témoins de ce que j'ai à vous révéler. A nous trois, nous sommes de force à résister à Bartholomé. Mais ne nous adjoignons aucun étranger, aucun homme de la police. Nous pouvons tout arranger entre nous d'une manière satisfaisante sans l'aide de personne, et rien ne déplairait plus à mon frère que de mêler le public à nos affaires. »

Il s'assit sur un siège très bas, et nous regarda en faisant clignoter ses yeux clairs de myope.

« Pour ma part, dit Holmes, je puis vous assurer que tout ce que vous nous confierez ne sortira pas d'ici. »

J'inclinai la tête en signe d'assentiment.

« Parfait, parfait, dit-il. Puis-je vous offrir un verre de chianti, miss Morstan, ou du tokay? Je n'ai pas d'autres vins ici. Voulez-vous que je débouche une bouteille?... Non. Bien, bien. J'espère que vous ne craignez pas l'odeur du tabac, l'odeur balsamique du tabac oriental. Je suis un peu nerveux et mon narghileh est pour moi un calmant inappréciable. »

Il alluma son instrument, et la fumée se mit à filtrer en chantant à travers l'eau de rose. Nous étions tous trois assis en demi-cercle, la tête appuyée sur la main, tandis qu'au centre l'étrange petit être au long crâne luisant tirait nerveusement de courtes bouffées du long tuyau qu'il avait appliqué à ses lèvres.

« Lorsque je me décidai à vous faire cette communication, commença-t-il, j'aurais pu vous donner mon adresse, mais j'ai craint que vous n'accédiez pas à ma demande et que vous n'ameniez avec vous des gens qui m'auraient déplu. J'ai donc pris la liberté de vous fixer un rendez-vous qui permît à mon serviteur Williams de vous dévisager d'abord. J'ai la confiance la plus entière dans sa discrétion, et dans le cas où son inspection ne l'aurait pas satisfait, il avait des ordres pour s'en tenir là. Vous ne m'en voudrez pas de ces précautions, n'est-ce pas? mais je suis un peu sauvage et très raffiné dans mes goûts. Or, je trouve qu'il n'y a rien de plus contraire à l'esthétique qu'un agent de police. J'ai une répulsion instinctive pour le réalisme brutal, quelle que soit sa forme, et je me mets rarement en contact avec la foule vulgaire. Aussi je vis comme vous pouvez le voir, au milieu d'une certaine élégance ; et je crois que je peux m'intituler l'ami des arts. Que voulez-vous ? c'est là ma toquade. Tenez, ce paysage est un Corot authentique, et quoique un expert puisse émettre quelque doute sur ce Salvator Rosa, il n'y a pas d'erreur possible au sujet de ce Bouguereau. Je dois vous avouer mon faible pour l'école française moderne.

— Pardon, monsieur Sholto, interrompit miss Morstan, mais je suis ici sur votre demande pour entendre une communication que vous avez témoigné le désir de me faire. Il est déjà fort tard et je voudrais que notre entrevue fût aussi courte que possible.

— Dans tous les cas, elle ne pourra qu'être assez longue, répondit-il, car nous serons certainement obligés d'aller jusqu'à Norwood et de voir mon frère Bartholomé. Nous irons tous ensemble et nous tâcherons d'avoir le dessus. Il est furieux contre moi pour avoir pris le parti qui me semblait le seul juste. J'ai eu une scène affreuse avec lui hier soir, et vous ne pouvez vous imaginer combien il est terrible quand il se met en colère.

— Si nous devons aller à Norwood, il serait peut-être préférable de partir sur l'heure », hasardai-je.

Le petit homme partit d'un tel éclat de rire qu'il en devint cramoisi.

« Oh, voilà qui ne serait pas à faire, s'écria-t-il, je ne sais pas bien comment nous serions reçus si je vous amenais ainsi à l'improviste, sans que vous connaissiez d'abord nettement la situation; je vais donc vous l'exposer, mais je dois avant tout vous prévenir qu'il y a plusieurs points dans cette histoire que moi-même j'ignore complètement, en conséquence je ne puis vous répéter que ce que je sais.

« Comme vous l'avez sans doute deviné, mon père était le major Sholto, ex-officier de l'armée des Indes. Il prit sa retraite il y a environ onze ans et vint habiter Pondichery Lodge, dans le quartier d'Upper Norwood. Ayant fait de bonnes affaires aux Indes, où il avait amassé une jolie fortune, il en avait rapporté une importante collection de curiosités et avait ramené un personnel indien. Il acheta donc une maison et y vécut avec un grand luxe. Il n'a jamais eu d'autres enfants que mon frère jumeau Bartholomé et moi.

« Je me rappelle parfaitement le bruit que fit la singulière disparition du capitaine Morstan. Nous en lûmes les détails dans les journaux avec le plus grand intérêt, puisqu'il avait été l'ami de notre père, et nous discutâmes librement l'affaire devant lui. Il mêlait ses suppositions aux nôtres, et nous n'eussions jamais pu croire qu'il était le seul à connaître ce qui s'était passé et la triste fin d'Arthur Morstan.

« Ce que nous savions toutefois, c'est qu'un danger mystérieux, mais réel, menaçait notre père. Il n'aimait pas sortir seul et il avait toujours comme portiers à Pondichery Lodge deux lutteurs de profession. Williams, qui vous a conduits ici, était l'un d'eux. Il a été un champion connu en Angleterre. Notre père n'avait jamais voulu nous spécifier ses craintes, mais il professait une aversion marquée pour tout individu ayant une jambe de bois. Un jour même il tira sur un homme affligé de cette infirmité, et qui se trouva être tout simplement un pauvre colporteur parfaitement inoffensif. Nous avons dû même payer une grosse somme pour étouffer cette affaire. Mon frère et moi nous avions toujours pensé que c'était là une simple lubie de notre père, lorsque l'avenir se chargea de nous prouver le contraire.

« Au commencement de 1882, mon père reçut des Indes une lettre qui le bouleversa de la plus étrange façon. En la lisant au déjeuner, il faillit se trouver mal et c'est depuis lors qu'il est allé en s'affaiblissant jusqu'à sa mort. Il nous fut impossible de découvrir ce que contenait cette lettre; nous avions seulement pu constater qu'elle était courte et écrite par une main inexpérimentée. A partir de ce moment, le spleen dont le major se plaignait depuis des années ne fit qu'augmenter rapidement, si bien qu'un jour, vers la fin d'avril, on nous avertit que tout espoir était perdu, et que notre père nous demandait pour nous faire une dernière communication.

« Lorsque nous entrâmes dans sa chambre il était soutenu par des oreillers et ne respirait plus que péniblement. Il nous pria de fermer la porte à clef et de nous mettre chacun d'un côté de son lit. Puis, saisissant nos mains, il nous fit, d'une voix brisée par l'émotion autant que par la souffrance, l'étrange récit que je vais tâcher de vous répéter le plus fidèlement possible.

« Dans ce moment suprême, dit-il, il n'y a
« qu'une chose qui pèse sur ma conscience : c'est
« la manière dont je me suis conduit vis-à-vis
« de la fille du malheureux Morstan. La maudite
« avarice, qui a été toute ma vie mon défaut
« capital, m'a fait retenir et garder la moitié du
« trésor qui aurait dû lui appartenir. Et cepen-
« dant je n'ai pas joui moi-même de ces richesses,
« tant l'avarice est un vice aveugle et absurde !
« Le fait seul de la possession était pour moi une
« telle jouissance que je ne pouvais même sup-
« porter l'idée d'un partage. Voyez ce collier de
« perles à côté de ce flacon de quinine. Je n'ai
« pas encore pu me décider à m'en séparer,
« quoique je l'aie sorti avec l'intention de l'en-
« voyer à cette jeune fille. Vous, mes fils, vous
« lui donnerez, n'est-ce pas, une bonne part du
« trésor d'Agra ? Mais ne lui envoyez rien, même
« pas ce collier, avant que j'aie quitté ce monde.
« Après tout, il y a eu des gens aussi malades
« que moi et qui se sont remis.

« Je vais vous raconter maintenant comment
« est mort Morstan. Depuis des années il avait
« une maladie de cœur qu'il cachait à tout le
« monde et que moi seul connaissais. Pendant
« notre séjour aux Indes et par une suite de
« circonstances extraordinaires, nous fûmes tous
« deux mis en possession d'un trésor considé-
« rable. Je l'avais rapporté en Angleterre, et
« quand Morstan y arriva à son tour, il débarqua
« directement chez moi pour réclamer sa part. Il
« était venu à pied de la gare ici et fut introduit
« par mon fidèle et vieux Lal Choudar, qui est
« mort depuis. Morstan et moi n'étions pas d'ac-
« cord quant au partage du trésor et nous en
« vînmes à échanger des paroles fort aigres. A
« un moment Morstan bondit de sa chaise au
« paroxysme de la colère, mais soudain il porta
« la main à son cœur, son visage devint bleuâtre
« et il tomba à la renverse. Dans sa chute, il
« heurta le coin du coffre qui renfermait le tré-
« sor et se fit au front une profonde blessure.
« Lorsque je voulus le relever, je constatai avec
« terreur qu'il avait cessé de vivre.

« Pendant quelques instants, je restai là à
« moitié fou, me demandant ce que je devais
« faire. Mon premier mouvement avait été natu-

« rellement d'appeler au secours; mais je me
« rendais compte combien je risquais d'être pris
« pour un simple assassin. Cette mort subite au
« cours d'une dispute, cette blessure à la tête,
« tout semblait m'accuser formellement. De plus
« une enquête judiciaire aurait révélé tout ce qui
« était relatif au trésor, et c'était ce que je vou-
« lais éviter à tout prix. Morstan m'avait dit que
« personne au monde ne savait où il était allé;
« pourquoi l'aurait-on découvert plus tard?

« J'en étais là de mes réflexions, lorsque
« j'aperçus sur le pas de la porte Lal Choudar.
« Il entra doucement en fermant la porte à clef
« derrière lui. — Ne craignez rien, Sahib, dit-il,
« personne ne saura que vous l'avez tué. Cachez
« le cadavre, et bien malin celui qui découvrira
« quelque chose. — Mais je ne l'ai pas tué! fis-je.
« — Lal Choudar secoua la tête en souriant. —
« J'ai tout entendu, Sahib, reprit-il, j'ai entendu
« la dispute et j'ai entendu le coup. Mais j'ai un
« sceau sur les lèvres. Tous dorment dans la mai-
« son. Je vais vous aider à dissimuler le corps.
« — Ceci suffit à me décider. Si mon propre
« serviteur ne croyait pas à mon innocence, com-
« ment aurais-je pu espérer la faire prévaloir
« devant une douzaine de jurés plus ou moins

« ineptes ? Lal Choudar et moi nous cachâmes le
« cadavre le même soir, et quelques jours après
« tous les journaux de Londres ne parlaient que
« de la disparition mystérieuse du capitaine
« Morstan. Vous voyez par ce récit que je n'ai
« rien à me reprocher à ce sujet. Mais où je suis
« coupable, c'est d'avoir caché non seulement le
« cadavre, mais encore le trésor, et d'avoir gardé
« par devers moi la part de Morstan, comme si
« elle m'appartenait. Je désire donc que vous
« fassiez une restitution. Approchez votre oreille
« de mes lèvres ; ce trésor est caché dans.... »

« Juste à ce moment nous vîmes les traits de
notre père se bouleverser d'une façon effroyable,
ses yeux s'ouvrirent démesurément, ses dents
s'entre-choquèrent, et il cria d'une voix que je
n'oublierai jamais : « Ne le laissez pas entrer !
Pour l'amour de Dieu, ne le laissez pas entrer ! »
Nous nous retournâmes tous deux vers la fenêtre
en suivant la direction de son regard, et nous
pûmes distinguer, malgré l'obscurité extérieure,
un individu dont le visage s'écrasait contre la
vitre. C'était un homme à la barbe longue, à la
chevelure inculte, dont le regard exprimait d'une
façon terrible la haine et la férocité. Mon frère et
moi, nous bondîmes vers la fenêtre, mais l'homme

avait déjà disparu. Lorsque nous revînmes auprès de mon père, sa tête s'était inclinée sur sa poitrine et son cœur avait cessé de battre.

« Ce soir-là nous parcourûmes le jardin dans tous les sens sans trouver trace de l'individu qui nous avait apparu; nous relevâmes seulement sur la plate-bande au-dessous de la fenêtre la trace d'un seul pied. Sans cette empreinte, nous aurions pu supposer que cette figure sauvage et terrible n'etait qu'un jeu de notre imagination. Mais bientôt nous eûmes une preuve plus frappante encore qu'il se tramait quelque chose dans l'ombre autour de nous, car le lendemain matin on constata que la fenêtre de mon père avait été ouverte, que tous les meubles avaient été fouillés, et sur la poitrine du cadavre était épinglé un chiffon de papier qui portait ces mots : « La marque des quatre ». Que signifiait cette phrase? Quel avait été le mystérieux visiteur de la nuit? nous ne le sûmes jamais. Selon toute apparence rien n'avait été volé, quoique tout eût été mis sens dessus dessous. Naturellement mon frère et moi nous fîmes un rapprochement entre cet étrange incident et les craintes qui avaient hanté mon père de son vivant, cependant jusqu'ici tout cela est resté encore une énigme pour nous. »

Le petit homme s'arrêta pour rallumer son narghileh et pendant quelques instants sembla suivre sa pensée dans les nuages de fumée dont il s'enveloppait. Nous avions tous été vivement impressionnés par ce récit extraordinaire. Aux quelques mots qui avaient eu trait à la mort de son père, miss Morstan était devenue blême et j'eus même, un instant, la crainte qu'elle ne se trouvât mal. Je saisis une carafe en verre de Venise qui se trouvait à ma portée et lui versai un verre d'eau.

Sherlock Holmes se tenait renversé sur sa chaise avec cette expression absente qu'il savait prendre, les paupières baissées comme pour voiler l'éclat de son regard. En portant mes yeux sur lui, je ne pus m'empêcher de penser que le matin même il s'était encore plaint amèrement de la monotonie de la vie; et voilà que nous nous trouvions tout à coup en présence d'un problème qui demandait pour le résoudre toutes les ressources de sa sagacité. Mr Thaddeus Sholto nous regarda alternativement avec une satisfaction évidente en constatant l'effet que son récit avait produit sur nous. Il reprit, tout en tirant de temps en temps quelques bouffées de sa pipe :

« Comme vous pouvez le penser, nous fûmes, mon frère et moi, très excités par l'idée de ce trésor auquel notre père avait fait allusion. Pendant des semaines, pendant des mois, nous fouillâmes tous les coins du jardin, nous le mîmes sens dessus dessous, sans arriver à rien découvrir. Cela nous rendait fous de penser que le major allait nous révéler l'endroit de la cachette au moment précis où il avait expiré. Nous pouvions nous faire une idée de la splendeur des richesses cachées par le collier de perles qui en avait été distrait; et même, au sujet de ce collier nous eûmes, mon frère et moi, une légère discussion. Les perles avaient évidemment une valeur considérable, et lui ne voulait pas s'en séparer, car, entre nous, Bartholomé a un peu hérité du vice paternel. Il prétendait qu'en offrant ce bijou à celle auquel notre père le destinait, cela ferait jaser et pourrait nous attirer des désagréments. Tout ce que je pus obtenir fut l'autorisation de rechercher l'adresse de miss Morstan et de lui envoyer une perle séparée à intervalles fixes, afin qu'elle sût bien qu'on ne l'oubliait pas.

— C'était une pensée très charitable de votre part, interrompit miss Morstan. Vraiment, vous vous êtes montré bien bon pour moi. »

Le petit homme joignit les mains d'une façon suppliante :

« Nous n'étions que vos fidéicommissaires, dit-il, du moins c'est ainsi que j'envisageais la chose, quoique Bartholomé ne fût pas tout à fait de mon avis. Nous étions assez riches par nous-mêmes et je ne désirais rien de plus. D'ailleurs il aurait été de bien mauvais goût de se conduire vis-à-vis d'une jeune personne d'une façon aussi mesquine. Les Français, qui ont vraiment une façon charmante de dire les choses, affirment que « le mauvais goût mène au crime ». Quoi qu'il en soit, notre désaccord à ce sujet devint si aigu, que je jugeai préférable de renoncer à la vie en commun. Je quittai donc Pondichery Lodge, emmenant avec moi dans ma nouvelle demeure Williams et le vieux Khitmutgar. Mais hier j'appris un événement de la plus haute importance. Le trésor venait d'être enfin retrouvé ! Je me mis sur l'heure en rapport avec miss Morstan, et nous n'avons plus maintenant qu'à aller jusqu'à Norwood en réclamer notre part. Déjà hier soir j'ai formulé mes intentions à mon frère, et, si nous ne devons pas espérer être les bienvenus chez lui, nous sommes sûrs en tout cas d'être attendus. »

Mr Thaddeus Sholto avait cessé de parler, et continuait de se trémousser sur ses luxueux coussins. Pour nous, nous gardions le silence, absorbés par la pensée des nouvelles complications qui surgissaient de cette mystérieuse affaire.

Holmes fut le premier à se ressaisir et se leva brusquement.

« Vous avez parfaitement agi, monsieur, dit-il, depuis A jusqu'à Z. Peut-être serons-nous assez heureux en retour pour éclaircir les points qui restent encore obscurs à vos yeux. Mais, comme le disait miss Morstan, il y a un moment, il est déjà tard et il vaudrait mieux poursuivre notre enquête le plus rapidement possible. »

Sans se faire prier davantage, notre nouvelle connaissance roula le tuyau de son narghileh et alla chercher derrière un rideau un long pardessus ouaté garni d'un col et de manchettes d'astrakan. Après l'avoir revêtu, il le boutonna jusqu'en haut, malgré la douceur de la température, et compléta son accoutrement en mettant sur sa tête une toque de castor muni d'oreillères tombant de chaque côté, de sorte qu'on ne voyait plus de lui que son nez pointu et sa bouche grimaçante

« Ma santé est bien délicate, dit-il, en nous montrant le chemin, et je me vois réduit à vivre comme un pauvre infirme. »

Un fiacre nous attendait à la porte et tout était

évidemment prévu d'avance, puisque, dès que nous y fûmes montés, le cocher partit d'une allure rapide. Thaddeus Sholto parlait sans discontinuer, sur un ton perçant qui dominait le bruit de la voiture.

« Bartholomé est un garçon bien intelligent, dit-il. Devinez comment il découvrit le trésor ? Il était arrivé à se convaincre que mon père l'avait caché dans sa demeure. Alors il releva le plan de la maison de la façon la plus exacte. Il remarqua que la hauteur extérieure du bâtiment était de soixante-quatorze pieds ; mais en additionnant la hauteur de chaque étage et en tenant compte de l'épaisseur des planchers qu'il avait déterminée par des sondages, il n'arrivait jamais à avoir comme élévation à l'intérieur que soixante-dix pieds. Il manquait donc quatre pieds, qui ne pouvaient se retrouver qu'au sommet de la maison. Il perça un trou dans le plafond d'une chambre située au dernier étage et découvrit, comme il s'y attendait, un petit grenier inconnu de tous. Là était le coffre renfermant le trésor ; il le descendit alors par le trou dans la pièce située au-dessous, et c'est là qu'il est resté depuis. Il estime que la valeur des pierres atteint au moins une douzaine de millions. »

A l'énoncé de ce chiffre énorme, nous nous regardâmes tous avec stupéfaction. Miss Morstan, une fois ses droits reconnus, allait devenir, de pauvre institutrice qu'elle était jusqu'alors, une riche héritière. Assurément un véritable ami eût dû se réjouir d'une aussi bonne nouvelle, et cependant, je dois l'avouer à ma honte, l'égoïsme prit le dessus chez moi et je sentis mon cœur traversé par une souffrance aiguë. Je murmurai quelques congratulations indistinctes et je restai atterré, la tête penchée sur ma poitrine, sourd au bavardage de notre compagnon. Celui-ci était évidemment un hypocondriaque de premier ordre, et j'avais vaguement conscience qu'il détaillait tout au long les symptômes qui l'inquiétaient, en me suppliant de lui donner mon avis sur la composition et sur les effets des innombrables élixirs dont il portait quelques spécimens dans une pharmacie de poche. J'espère qu'il ne se rappellera jamais tout ce que j'ai pu lui répondre ce soir-là. Holmes prétend qu'il m'a entendu le mettre en garde contre l'immense danger qu'il pouvait courir en prenant plus de deux gouttes d'huile de ricin, tandis que je lui recommandais, comme calmant, la strychnine à haute dose. Quoi qu'il en soit, ce me fut un soulagement de sentir le fiacre s'arrêter, et de voir le cocher ouvrir la portière.

« Voici Pondichery Lodge, miss Morstan », dit M. Thaddeus Sholto, et il tendit la main à la jeune fille pour l'aider à descendre.

V

Le drame de Pondichery Lodge.

Il était près de onze heures quand nous arrivâmes au lieu où nous attendait le dénouement tragique des aventures de cette nuit. Nous avions laissé loin derrière nous le brouillard humide qui recouvrait la grande cité et la nuit était passablement belle. Un vent chaud soufflait de l'ouest et de gros nuages montaient lentement dans le ciel, laissant de temps en temps le croissant de la lune jeter des lueurs intermittentes. On y voyait assez pour se diriger; cependant Thaddeus Sholto prit une des lanternes de la voiture pour mieux éclairer notre chemin.

Pondichery Lodge était situé au milieu d'un jardin qu'entourait un mur très élevé, hérissé de tessons de verre. Une simple porte très étroite et garnie de ferrures y donnait seule accès. Notre guide frappa d'une manière particulière en faisant ce *rat-tat-tat...* par lequel les facteurs ont coutume de s'annoncer.

« Qui va là ? » cria de l'intérieur une voix bourrue.

« C'est moi, Mac Murdo. Ne reconnaissez-vous donc plus ma manière de frapper ? »

On entendit la voix grommeler sourdement, puis des clefs s'entre-choquèrent et la porte tourna lentement sur ses gonds, laissant voir sur le seuil un homme de taille moyenne, mais remarquablement large d'épaules. A la lueur de la lanterne, nous distinguâmes une tête aux mâchoires saillantes, à l'œil clignotant et faux.

— C'est vous, monsieur Thaddeus. Quels sont ces gens qui vous accompagnent ? Je n'ai aucun ordre du maître à leur sujet.

— Vraiment, Mac Murdo ? Cela m'étonne. J'avais prévenu hier soir mon frère que j'amènerais quelques amis avec moi.

— Il n'est pas sorti de sa chambre de toute la journée, monsieur Thaddeus, et, je vous le répète, je n'ai pas d'ordre. Vous savez qu'il m'est impossible de violer ma consigne. Vous, vous pouvez entrer si vous voulez, mais vos amis resteront où ils sont. »

C'était là un contretemps inattendu. Thaddeus Sholto regarda autour de lui d'une façon perplexe :

« C'est trop fort, Mac Murdo, dit-il ; si je me porte garant pour eux, cela doit vous suffire, il me semble. D'ailleurs, voici une jeune fille qu'on ne peut vraiment laisser à cette heure se morfondre au milieu de la route.

— Désolé, monsieur Thaddeus, reprit le portier d'un ton ferme. Il y a des gens qui peuvent être de vos amis à vous, et ne pas être ceux de mon maître. Il me paie bien pour que je fasse mon service et je le fais en conscience. Or je ne connais aucune des personnes qui sont là.

— Oh si, vous en connaissez, Mac Murdo, s'écria Sherlock Holmes fort à propos ; car je ne pense pas que vous ayez pu m'oublier. Ne vous rappelez-vous pas l'amateur qui, il y a quatre ans, le soir où on donnait votre bénéfice chez Alison, a fourni trois assauts contre vous ?

— Quoi, vous seriez monsieur Sherlock Holmes ? s'écria l'ancien lutteur. Bon Dieu, comment ai-je pu ne pas vous reconnaître ? Si, au lieu de rester là tranquillement derrière les autres, vous vous étiez approché et vous m'aviez donné un certain coup de revers sur la mâchoire, je vous aurais reconnu sans hésiter. Ah! on peut dire que vous avez gaspillé les dons du bon Dieu, vous! Comme vous auriez pu viser haut dans la partie, si vous aviez voulu!

— Vous voyez, Watson, me dit Holmes en riant, si le reste vient à me manquer, j'aurai toujours une profession savante ouverte devant moi. Et maintenant je suis sûr que ce brave camarade ne va pas nous laisser ainsi dehors exposés au froid.

— Entrez, entrez donc, monsieur, vous et vos amis, répondit-il. Je vous fais mes excuses, monsieur Thaddeus, mais j'ai des ordres très sévères. Il fallait savoir qui étaient vos amis avant de les introduire. »

Une fois entrés, nous suivîmes une allée sablée qui serpentait dans un jardin mal tenu pour aboutir à une construction quadrangulaire fort massive et sans aucune architecture. Cette bâtisse se trouvait dans une obscurité complète, sauf un angle éclairé par la lune dont les rayons se réflétaient sur une des fenêtres du grenier. Le lugubre aspect de cet énorme bâtiment, plongé dans un silence de mort, donnait le frisson. Tout le premier, Sholto semblait mal à son aise et la lanterne vacillait dans sa main tremblante.

« Je n'y comprends rien, dit-il. Il faut qu'il y ait eu quelque malentendu. J'avais bien spécifié à Bartholomé que nous viendrions le voir, et cependant ses fenêtres ne sont pas éclairées. Je ne sais vraiment pas ce que cela veut dire.

— L'entrée de sa maison est-elle toujours aussi difficile à forcer? demanda Holmes.

— Oui; il a continué les traditions de mon père. Il était son favori, vous savez, et je m'imagine quelquefois que le major a dû lui en dire plus long qu'à moi. Voici la fenêtre de Bartholomé, là, de ce côté, éclairée par la lune. Mais il me semble bien qu'il n'y a aucune lumière à l'intérieur.

— Aucune, dit Holmes, seulement j'aperçois une lueur à cette petite fenêtre près de la porte.

— Ah! c'est la chambre de la femme de charge, de la vieille Mrs Bernstone. Elle va pouvoir nous renseigner; seulement veuillez m'attendre quelques secondes ici, car, comme elle n'est pas prévenue, nous lui ferions une peur atroce si nous entrions tous à la fois. Mais chut! qu'entends-je? »

Il éleva la lanterne; sa main tremblait tellement que les rayons de lumière dansaient tout autour de nous. Miss Morstan saisit mon bras et nous restâmes immobiles, le cœur battant, l'oreille tendue. De la sombre demeure s'élevait un son plaintif, désolé, qui perçait le silence de la nuit : c'étaient les gémissements aigus d'une femme affolée par la peur.

« La voix de Mrs Bernstone, murmura Sholto. C'est la seule femme qui habite la maison. Restez-là. Je serai de retour dans un instant. »

Il se précipita vers la porte et frappa d'une manière particulière. Une grande femme, déjà âgée, vint lui ouvrir et tressaillit de joie en l'apercevant.

« Oh! monsieur Thaddeus, que je suis heureuse de vous voir! que je suis donc heureuse, mon bon monsieur Thaddeus! »

Et nous l'entendîmes réitérer ses exclamations jusqu'au moment où, la porte se refermant, elles ne parvinrent plus jusqu'à nous que comme un murmure lointain et monotone.

Notre guide nous avait laissé la lanterne. Holmes la promena lentement autour de lui, examinant tout soigneusement, depuis la maison jusqu'aux tas de fumier répandus dans le jardin.

Miss Morstan resta seule avec moi, sa main dans la mienne. Quelle chose singulière que l'amour! Nous ne nous étions jamais vus avant ce jour, nous n'avions jamais échangé ni un mot, ni un regard de tendresse, et cependant à l'heure où nous sentions un danger planer au-dessus de nous, d'elles-mêmes nos mains s'étaient cherchées. Bien souvent depuis je m'en suis étonné. Mais à ce moment il me parut tout simple de me rapprocher d'elle, comme elle de son côté, ainsi qu'elle me l'a souvent répété, vint d'instinct chercher auprès de moi aide et protection. Nous étions donc là comme deux enfants, la main dans la main, et nos cœurs se sentaient heureux en dépit des sombres mystères qui nous environnaient.

« Quel étrange endroit! » dit-elle, en promenant ses regards autour d'elle.

« En effet, répondis-je, c'est comme si tous les mulots d'Angleterre s'y étaient donné rendez-vous. Cela me rappelle une colline que j'ai vue près de Ballarat et où avaient opéré des chercheurs d'or.

— L'aspect est le même et pour la même raison, dit Holmes. Au lieu de chercheurs d'or ce sont des chercheurs de trésor qui ont tout bouleversé ici. Pensez donc qu'ils ont travaillé pendant six ans; qu'y a-t-il rien d'étonnant à ce que ce jardin soit retourné comme une carrière de sable ? »

A ce moment la porte de la maison s'ouvrit violemment et Thaddeus Sholto bondit vers nous, les bras levés au ciel, avec l'expression de la plus vive terreur.

« Il est arrivé un malheur à Bartholomé, s'écria-t-il. Oh, j'ai trop peur, ces émotions me tueront ! »

Il pleurait presque dans sa frayeur, et cette figure malingre et grimaçante, qui émergeait du large collet d'astrakan, semblait celle d'un enfant peureux implorant protection.

« Entrons dans la maison, dit Holmes, de son ton autoritaire.

— Oui, je vous en prie, supplia Thaddeus Sholto ; pour ma part, je suis incapable de prendre la moindre décision. »

Nous le suivîmes tous dans la chambre de la femme de charge située à gauche dans le corridor. La vieille femme, à moitié folle d'inquiétude, se promenait de long en large en se tordant les mains. Mais la vue de miss Morstan sembla la calmer un peu.

« Que Dieu bénisse votre doux et tendre visage ! s'écria-t-elle en sanglotant nerveusement, cela me fait du bien de vous voir; je viens de passer une si terrible journée! »

Notre compagne caressa cette main émaciée qui portait les marques du travail journalier, tout en murmurant ce que son cœur de femme lui suggérait pour réconforter la pauvre créature. Une faible rougeur vint colorer les joues pâles de cette dernière qui reprit :

« Monsieur s'est enfermé à clef et ne veut pas me répondre. Toute la journée j'ai attendu qu'il m'appelât, car il défend en général qu'on le dérange, mais il y a une heure, craignant qu'un malheur ne lui fût arrivé, je suis montée au laboratoire et j'ai regardé par le trou de la serrure. Allez, monsieur Thaddeus, allez-y, et voyez vous-même. Voilà dix ans que je suis dans la maison; j'ai connu M. Bartholomé heureux, je l'ai connu malheureux, mais jamais je ne lui ai vu une figure comme celle-là. »

Sherlock Holmes prit la lampe et nous précéda; Thaddeus Sholto tremblait tellement qu'on entendait ses dents s'entre-choquer; je fus même obligé de passer mon bras sous le sien pour l'aider à monter l'escalier, tant ses jambes lui refusaient tout service. Deux fois, Holmes tira sa loupe de sa poche et examina attentivement, sur les nattes posées en guise de tapis, ce qui me semblait à moi être tout simplement de petits amas de poussière. Il montait lentement, marche par marche, tenant la lampe près de terre et promenant son regard perçant à droite et à gauche. Miss Morstan était restée en bas avec la tremblante Mrs Bernstone.

Au troisième étage, l'escalier se terminait par un long couloir, orné à droite d'un grand panneau de tapisserie indienne, et sur lequel à gauche s'ouvraient trois portes. Holmes continuait à s'avancer de la même manière lente et méthodique; nous nous tenions derrière lui en le suivant de près, tandis que nos ombres allongées se profilaient dans le corridor d'une façon fantastique; la troisième porte était celle que nous cherchions. Holmes y frappa sans recevoir de réponse et essaya alors de tourner la poignée. Mais la serrure était fermée à l'intérieur et même un solide verrou avait été tiré, ainsi que nous pûmes nous en convaincre en appliquant la lampe contre la rainure. On pouvait cependant voir par le trou de la serrure. Sherlock Holmes, s'étant penché pour regarder, se releva aussitôt en aspirant bruyamment.

« Il y a quelque chose de diabolique dans tout

ceci, Watson, dit-il, plus ému que je ne l'avais jamais vu. Qu'en pensez-vous ? »

Je regardai à mon tour par l'étroite ouverture, et je reculai d'horreur. Un rayon de lune pénétrait dans la chambre et l'éclairait ainsi d'une lueur indécise et blafarde. Face à moi et comme suspendue en l'air — car tout le reste du corps demeurait dans l'ombre, — je n'apercevais qu'une tête, et cette tête était celle de notre compagnon Thaddeus! Même crâne pointu, même calvitie, même couronne de cheveux roux, même apparence exsangue. Mais un terrible sourire, une grimace extraordinaire, en contractaient tous les traits, et dans cette chambre silencieuse, éclairée seulement par un rayon de la lune, ce spectacle était terrifiant. Telle était la ressemblance entre ce visage et celui de notre petit ami, que je me retournai pour m'assurer qu'il était toujours bien avec nous. Je me rappelai alors que, d'après ce qu'il nous avait dit, son frère et lui étaient jumeaux.

« C'est horrible, murmurai-je à Holmes, que faut-il faire ?

— Il faut ouvrir la porte », répondit-il, et, se jetant dessus, il pesa de toutes ses forces contre elle. Elle craqua, grinça, mais ne céda point. Nous

nous arc-boutâmes alors tous les deux et cette fois elle s'ouvrit brusquement; nous étions dans la chambre de Bartholomé Sholto.

Cette pièce avait servi de laboratoire de chimie. Contre le mur en face de la porte, s'alignait sur une étagère une double rangée de fioles bouchées à l'émeri et la table était couverte de petites lampes Bunsen, d'éprouvettes et de cornues. Dans les coins on voyait des bonbonnes d'acide enveloppées de paille. L'une d'elles semblait avoir été fêlée, car un liquide noirâtre s'en était échappé et avait formé une espèce de ruisseau qui répandait dans l'air une odeur âcre rappelant celle du goudron. Un escabeau placé sur un amoncellement de plâtras donnait accès à un trou ouvert dans le plafond et assez large pour livrer passage à un homme. Au pied de cet escabeau gisait une longue corde à nœuds. Devant la table, effondré dans un fauteuil, le maître de la maison était assis, la tête penchée sur l'épaule gauche, un sourire énigmatique et spectral errant sur sa figure. Il était déjà raide et froid et avait certainement cessé de vivre depuis plusieurs heures. Je remarquai que non seulement ses traits, mais ses membres eux-mêmes étaient tordus et contournés de la plus étrange façon. Près de lui sur la table, on voyait une arme singulière : c'était un bâton fait d'un bois noir et résistant, à l'extrémité duquel on avait grossièrement fixé, à l'aide d'un bout de filin, une pierre en forme de marteau. A côté, un chiffon de papier portait quelques mots griffonnés. Holmes y jeta les yeux et nous le tendit.

« Voyez », dit-il, d'un ton significatif.

A la lumière de la lanterne, je pus lire avec un frisson d'horreur ces mots : « La marque des quatre ».

« Au nom du ciel, que signifie tout ceci? m'écriai-je.

— Cela signifie assassinat, dit-il en se penchant sur le cadavre. Ah! je m'en doutais, voyez donc! »

Il me désigna une longue pointe brunâtre enfoncée dans la peau juste au-dessus de l'oreille.

« Cela ressemble à une épine, dis-je.

— C'en est une en effet. Vous pouvez la retirer, mais faites bien attention, car elle doit être empoisonnée. »

Je la pris entre le pouce et l'index et je l'arrachai si facilement que c'est à peine si elle laissa une trace derrière elle. Seule, une petite tache de sang marquait l'endroit de la piqûre.

« Tout ceci est un mystère indéchiffrable pour moi, dis-je. Plus nous avançons et plus il s'obscurcit.

— Bien au contraire, répondit Holmes. Il s'éclaircit à chaque pas. Il ne me manque plus que quelques anneaux pour reconstituer tout l'enchaînement des faits. »

Nous avions à peu près oublié la présence de notre compagnon, depuis que nous étions entrés dans la chambre. Il se tenait toujours sur le seuil de la porte se tordant les mains, gémissant sourdement et nous offrant ainsi l'image vivante de la terreur. Tout à coup il poussa un cri strident :

« Le trésor est enlevé, dit-il, ils ont volé le trésor ! Voici le trou par lequel nous l'avons fait passer. J'ai aidé mon frère. Je suis le dernier qui l'ait vu hier soir et je l'ai entendu fermer sa porte pendant que je descendais.

— Quelle heure était-il ?

— Il était dix heures. Et maintenant le voilà mort et la police va être appelée et je vais être soupçonné d'être pour quelque chose dans tout cela. Oh ! oui, bien sûr. Mais vous ne le croyez pas, vous, messieurs ! N'est-ce pas, vous ne me soupçonnez pas ? Est-ce que je vous aurais amenés ici si j'avais été coupable? Oh, mon Dieu! mon Dieu! je crois que je vais devenir fou. »

Il levait les bras au ciel, et agitait les jambes comme un épileptique.

« Vous n'avez aucune raison de vous tourmenter, Mr Sholto, dit Holmes avec bonté en mettant la main sur son épaule; suivez seulement mon conseil : prenez une voiture et allez raconter toute l'affaire à la police, en lui proposant de l'aider autant que vous le pourrez. Nous allons attendre ici votre retour. »

Le petit homme obéit comme un automate et nous l'entendîmes dégringoler l'escalier dans l'obscurité.

VI

Théorie de Sherlock Holmes.

« Maintenant, Watson, dit Holmes en se frottant les mains, nous avons une bonne demi-heure devant nous, tâchons d'en profiter. Comme je vous l'ai dit, mon opinion est à peu près faite, mais il ne faut pas que ma présomption m'entraîne sur une fausse piste. Quelque simple que paraisse l'affaire, elle peut renfermer bien des dessous mystérieux.

— Vous trouvez cela simple? m'écriai-je.

— Sans aucun doute, affirma-t-il en prenant le ton doctoral d'un professeur qui fait une conférence. Asseyez-vous là, dans ce coin, de façon que vos empreintes ne puissent pas me gêner plus tard. Maintenant commençons notre petit travail. En premier lieu, comment ces gens ont-ils pu pénétrer ici, puis comment ont-ils pu en sortir? La porte n'a pas été ouverte depuis hier au soir; examinons la fenêtre. »

Il prit la lampe pour mieux s'éclairer, tout en marmottant quelques réflexions qui s'adressaient plutôt à lui-même qu'à moi. « La fenêtre est fermée à l'intérieur. — La boiserie paraît très solide. — Il n'y a pas de charnières apparentes à l'extérieur. — Voyons, ouvrons-la. — Pas de gouttières ou de tuyaux, le toit hors de portée; cependant, un homme est entré par cette fenêtre, puisqu'il a laissé l'empreinte de son pied sur le rebord. — Il avait plu un peu hier soir, et voici une marque ronde toute boueuse; la voilà de nouveau sur le plancher, et encore là, près de la table. Voyez vous-même, Watson; quel précieux indice! »

Je regardai ces traces aux contours parfaitements définis.

« Mais ce n'est pas l'empreinte d'un pied, dis-je.

— Non, mais cela m'en dit bien plus long, car c'est celle laissée par une jambe de bois. Regardez sur le rebord de la fenêtre, vous voyez la marque d'une chaussure épaisse, garnie d'un gros talon ferré, et à côté cette autre marque toute ronde.

— L'homme à la jambe de bois aurait donc passé par là?

— Parfaitement. Mais il n'était pas seul. Il a eu un aide, et un aide fort habile qui a joué un rôle important dans l'affaire. Seriez-vous capable d'escalader ce mur, vous, docteur? »

J'ouvris la fenêtre et je regardai. La lune donnait encore sur cette partie de la maison. Nous étions au moins à vingt mètres du sol, et sur ce mur de briques lisses je ne voyais ni arête ni creux qui permît au pied de se poser.

« C'est absolument impossible, répondis-je.

— Sans aide, évidemment. Mais supposez que vous ayez dans cette chambre un ami qui vous jetât une grosse corde semblable à celle que je vois là dans le coin, après l'avoir assujettie par son extrémité à ce fort crochet fiché dans le mur. Il me semble alors qu'avec un peu d'adresse vous pourriez vous hisser jusqu'ici, même avec une jambe de bois. Vous pourriez aussi bien redescendre de la même façon. Votre complice remonterait alors la corde, la détacherait du crochet et la jetterait dans un coin, puis, après avoir fermé la fenêtre, il reprendrait le chemin par lequel il était venu. Je dois ajouter », continua-t-il, en examinant la corde, « que notre invalide, tout en sachant bien grimper, ne doit pas être un marin de profession. Ses mains sont loin d'être endurcies, car ma loupe me permet d'apercevoir plusieurs taches de sang, et surtout à l'extrémité du câble. D'où je conclus qu'en se laissant glisser trop rapidement en bas, il s'est arraché la peau des mains.

— Tout cela est fort bien, dis-je, mais l'énigme s'épaissit de plus en plus. Quel est cet aide mystérieux? Comment est-il entré dans la chambre?

— Oui, l'aide, répéta Holmes pensif. C'est certainement un être bien intéressant à étudier et, grâce à lui, l'affaire sort tout à fait de l'ordinaire. Il apporte un élément nouveau dans les annales criminelles de notre pays, quoique des cas semblables se soient rencontrés dans les Indes et, si j'ai bonne mémoire, en Sénégambie.

— Comment donc s'est-il introduit ici? répétai-je. La porte est fermée, la fenêtre est inaccessible. Serait-il entré par la cheminée?

— J'y ai déjà pensé, répondit Holmes, mais l'ouverture est bien trop étroite.

— Alors par où? persistai-je.

— Vous ne voulez pas appliquer mes procédés, dit-il en secouant la tête. Combien de fois ne vous ai-je pas dit, qu'une fois toutes les hypothèses matériellement inadmissibles, écartées, c'est parmi celles qui restent, quelque improbables qu'elles puissent paraître, qu'il faut chercher la vraie solution. Ici nous savons que cet individu n'a pu entrer ni par la porte, ni par la fenêtre, ni par la cheminée. Il n'a pas pu davantage se dissimuler dans cette pièce, où il est impossible de se cacher. Par où donc est-il venu ?

— Ah! par le trou du plafond, m'écriai-je.

— Naturellement. Il n'y a pas d'autre explication plausible. Ayez la bonté de tenir un instant cette lampe et je vais inspecter la chambre au-dessus, la cachette qui renfermait le trésor. »

Il monta sur l'escabeau et saisissant une poutre de chaque main, se hissa dans le grenier. Puis, se couchant à plat ventre, il prit la lampe que je lui tendais et je le suivis de la même façon.

La pièce dans laquelle nous nous trouvions avait environ trois mètres sur deux. Le plancher était formé par des poutres entre lesquelles s'étendait la mince couche de lattes et de plâtre de telle sorte qu'en marchant il fallait sauter d'une solive à l'autre. Le plafond se terminait en arête aiguë et suivait évidemment les contours du toit. Du reste, aucun meuble ; seule la poussière de plusieurs années s'était accumulée sur le sol en couches épaisses.

« C'est bien cela », dit Sherlock Holmes, en touchant de la main la paroi du mur, « j'aperçois une trappe qui donne à l'extérieur. Soulevons-la, et voici le toit lui-même qui s'incline en pente assez douce. Nous connaissons donc le chemin qu'a suivi notre numéro un. Voyons si nous ne découvrons pas d'autres indices révélateurs. »

Il posa la lampe par terre et aussitôt, pour la seconde fois de la soirée, une expression de surprise intense se dessina sur ses traits. Pour moi, dès que mon regard eut suivi la direction du sien, je me sentis frissonner de la tête aux pieds. On distinguait par terre des empreintes nombreuses et très nettes, faites par un pied nu, bien dessiné, parfaitement conformé, mais dont les dimensions n'étaient pas moitié aussi grandes que celles d'un pied appartenant à un homme de taille moyenne.

« Holmes, lui dis-je à l'oreille, un enfant a été mêlé à cet horrible crime. »

En une seconde, Holmes était redevenu maître de lui.

« J'ai eu un instant d'hésitation, dit-il, quoique cependant tout cela soit fort naturel. Si ma mémoire ne m'avait trahi, j'aurais dû m'y attendre. Mais nous n'avons plus rien à voir ici, redescendons.

— Comment donc expliquez-vous de telles empreintes? » demandai-je avec curiosité, lorsque nous nous retrouvâmes dans la pièce inférieure.

« Mon cher Watson, me dit-il avec un mouvement d'impatience, tâchez donc d'analyser un peu les faits par vous-même. Puisque vous connaissez ma méthode, appliquez-la et il sera ensuite intéressant de comparer les résultats que nous aurons obtenus chacun de notre côté.

— Je ne puis trouver aucune explication rationnelle de tout ceci, répondis-je.

— Bah! elle s'imposera bientôt à vous, reprit-il d'un ton léger. — Quoique je croie n'avoir plus rien d'important à faire ici, je ne veux cependant rien négliger. »

Il tira de sa poche une loupe et un mètre, puis se mettant à genoux, il parcourut ainsi la chambre d'un bout à l'autre, prenant des mesures, appliquant son nez long et mince contre le plancher, comparant et examinant tout de ses yeux perçants, enfoncés dans leur orbite comme ceux d'un oiseau de proie. Ses mouvements rapides, quoique silencieux et discrets, ressemblaient à ceux d'un limier cherchant à démêler la voie, et je pensais quel terrible criminel il eût fait, s'il avait tourné contre les lois l'énergie et la sagacité qu'il mettait à les défendre. Tout en travaillant ainsi, il se murmurait à lui-même des phrases inintelligibles, quand soudain il poussa un cri de joie.

« Décidément, la veine est pour nous, dit-il. Tout va se simplifier maintenant. Le numéro un a eu la malchance de mettre le pied dans du goudron. Voyez son empreinte dans cette mare noirâtre formée par le liquide qui s'est écoulé de la bonbonne.

— Eh bien !

— Eh bien ! nous le tenons, voilà tout. Je connais un chien qui pourrait suivre une telle piste jusqu'au bout du monde. Étant donné qu'une meute est capable de chasser à travers tout un pays un hareng saur traîné par terre, jusqu'où un chien, entraîné spécialement, pourra-t-il suivre une odeur aussi forte que celle-ci ? Cela ressemble à l'énoncé d'une règle de trois.... Mais taisons-nous, car voici les respectables soutiens de la loi. »

Le son de pas pesants, le bourdonnement de grosses voix, montaient du rez-de-chaussée en même temps que la porte d'entrée se refermait lourdement.

« Avant qu'ils arrivent, dit Holmes, tâtez donc les bras et les jambes de ce pauvre diable. Que sentez-vous ?

— Les muscles sont raides et durs comme du bois, répondis-je.

— Parfaitement. Ils sont bien plus contractés que dans le cas d'une mort naturelle ; de plus, voyez cette figure tordue, ce sourire étrange que les anciens auteurs appellent le « risus sardonicus », et dites-moi la conclusion que vous tirez de tout cela.

— La mort est due à un poison végétal d'une violence extrême, répondis-je, à une substance comme la strychnine produisant des effets tétaniques.

— C'est bien la première idée que j'ai eue en apercevant la contraction des muscles et de la face. Aussi ai-je commencé par chercher comment le poison avait été administré et, vous l'avez vu, j'ai aussitôt découvert cette épine qui a été enfoncée ou plutôt lancée derrière l'oreille. Je dis lancée, car, regardez : la partie du crâne où elle se trouvait est juste dans la direction du trou fait dans le plafond ; et maintenant, examinez cette épine. »

Je la pris avec soin et la présentai à la lumière de la lampe. Elle était longue, pointue, noirâtre, et la pointe semblait avoir été enduite avec une substance gommeuse; l'extrémité opposée avait été taillée et arrondie d'une façon spéciale à l'aide d'un couteau.

« Est-ce une épine qui pousse en Angleterre? demanda-t-il.

— Non, certainement.

— Avec toutes ces données, vous devez pouvoir arriver à une conclusion juste.... Mais voici les agents officiels; nous autres irréguliers nous n'avons qu'à battre en retraite. »

Les pas, qui s'étaient rapprochés peu à peu, résonnaient maintenant bruyamment dans le corridor et un homme de haute taille, très fort, vêtu d'un complet gris, entra brusquement dans la chambre. La figure rouge, l'aspect sanguin, l'air convaincu de son importance, il cligna ses petits yeux soulignés par de grosses poches bouffies, en promenant çà et là un regard perçant. Sur ses talons marchait un agent en uniforme et derrière eux venait le pauvre Thaddeus Sholto, encore tout tremblant.

« En voilà une affaire, s'écria ce gros homme d'une voix rude et enrouée, en voilà une belle affaire! Mais qui diable est là? Ah çà! cette maison est bourrée comme un terrier de lapins.

— Il me semble que vous pourriez me reconnaître, monsieur Athelney Jones, dit Holmes froidement.

— Mais certainement, certainement, vous êtes monsieur Sherlock Holmes, le théoriste. Si je vous reconnais ! Ah ! je n'oublierai jamais le cours que vous nous avez fait sur les causes, les effets, les déductions et tout le tremblement, dans l'affaire des bijoux de Bishopgate. Il est vrai que vous nous avez mis sur la vraie piste, mais avouez que le hasard vous a mieux servi que votre habileté.

— Mon Dieu, c'est un raisonnement bien simple qui m'a donné la solution du problème.

— Allons, allons, reconnaissez-le donc sans fausse honte.... Mais cette fois qu'est-ce qui nous attend ? Une affaire médiocre, il me semble, bien médiocre. Un crime épouvantable, c'est vrai ; seulement, impossible d'échafauder là-dessus la moindre théorie. C'est une veine que je me sois justement trouvé à Norwood pour raison de service. J'étais dans le poste même de police quand on est venu demander du secours. De quoi pensez-vous que cet individu soit mort ?

— Oh ! ce n'est pas un cas où je puisse échafauder quelque théorie, répliqua Holmes sèchement.

— Voyons, ne vous fâchez pas; je conviens qu'il vous arrive assez souvent de mettre dans le mille. Mais qu'est-ce qu'on m'a dit? La porte fermée à l'intérieur, des bijoux valant une douzaine de millions disparus? Et la fenêtre, comment était-elle?

— Fermée, seulement un escabeau se trouvait devant.

— Eh bien, si elle était fermée, l'escabeau ne signifie rien, cela tombe sous le sens. Après tout, l'homme a bien pu mourir d'une attaque. Oui, mais il y a ces bijoux qui manquent. Ah! j'ai une idée. Voyez-vous, j'ai de temps en temps comme cela des intuitions soudaines. Veuillez sortir un instant, monsieur Sholto, et vous aussi, sergent; votre ami peut rester, monsieur Holmes. Que penseriez-vous de l'hypothèse suivante? Sholto avoue être resté avec son frère, hier soir. Ce frère est mort subitement d'une attaque, et Sholto a emporté le trésor. Hein? que dites-vous de cela?

— Je dis qu'évidemment le mort s'est ensuite levé pour aller tranquillement fermer la porte à double tour.

— Hum! c'est vrai, il y a là une lacune. Soyons avant tout logiques. Ce Thaddeus Sholto était avec son frère et, d'après ce que nous savons, ils ont eu une discussion; mais voilà que l'autre est mort et que les bijoux se sont envolés. Or, depuis que Thaddeus a quitté son frère, personne n'a revu ce dernier et le lit qu'il occupait n'a pas été défait. De plus, Thaddeus paraît bouleversé et son aspect est, comment dirais-je? peu sympathique. Vous voyez la façon dont je tends mon filet au-dessus de Thaddeus, les mailles commencent à l'enserrer étroitement.

— Vous n'êtes pas encore complètement au courant de tous les détails de l'affaire, dit Holmes. Cette épine, que j'ai les meilleures raisons de croire empoisonnée, était fichée dans le crâne de ce malheureux à l'endroit où vous en voyez encore la marque. Ce papier, avec l'inscription que vous pouvez y lire, était placé sur la table, et à côté se trouvait cette arme bizarre terminée par une sorte de massue en pierre. Comment tout cela concorde-t-il avec votre théorie?

— Cela la confirme en tous points, répliqua le gros détective d'un ton important. La maison est pleine de curiosités indiennes. Thaddeus a monté ici la massue; si l'épine est empoisonnée, il a pu mieux que personne s'en servir pour accomplir le crime. Le papier n'est évidemment qu'une frime, un simple trompe-l'œil. Le seul point à élucider est de savoir comment il est sorti. Ah! mais voilà, j'aperçois une ouverture dans le plafond. »

Avec une agilité que son apparence massive n'aurait guère fait soupçonner, il s'élança sur les marches de l'escabeau et s'introduisit dans le grenier. Une seconde après, il nous annonçait d'une voix triomphante qu'il avait découvert la porte donnant sur le toit.

« Il est capable de tomber à peu près juste, remarqua Holmes, en haussant les épaules, car il a parfois des éclairs de bon sens. Comme dit le proverbe français : « Il n'y a pas de sots si incom-« modes que ceux qui ont de l'esprit [1] ».

— Vous voyez bien, dit Athelney Jones en apparaissant de nouveau au sommet de l'escalier, il vaut mieux s'en rapporter aux faits qu'à toutes les théories possibles. Voilà mon opinion pleinement confirmée. Il existe une trappe communiquant avec le toit et elle est restée entr'ouverte.

— C'est moi qui l'ai ouverte.

— Oh vraiment! vous l'aviez donc déjà trouvée? »

Cette découverte sembla le déconcerter un peu.

---

1. En français dans le texte.

« Quoi qu'il en soit, elle nous indique le chemin que notre individu a pris pour s'en aller. Agent ! cria-t-il.

— Voilà, monsieur, répondit une voix dans le corridor.

— Priez donc M. Sholto de revenir ici. Monsieur Sholto, je dois en conscience vous prévenir que désormais toutes vos paroles pourront être interprétées contre vous. Car, au nom de la Reine, je vous arrête sous l'inculpation du meurtre commis sur la personne de votre frère.

— Ah ! je vous l'avais bien dit, s'écria le pauvre petit être en se tordant les mains et en jetant sur nous des regards égarés.

— N'ayez aucune inquiétude, monsieur Sholto, dit Holmes, je crois pouvoir me faire fort de prouver clairement votre innocence.

— Prenez garde de promettre plus que vous ne pourrez tenir, monsieur l'amateur de théories, prenez garde, dit le détective d'un ton aigre ; cela vous sera peut-être plus difficile que vous ne le pensez.

— Monsieur Jones, non seulement je ferai éclater l'innocence de ce malheureux, mais, pour votre gouverne, je puis même vous donner le nom et le signalement de l'un des deux individus qui ont pénétré hier soir dans cette pièce. Son nom doit être : Jonathan Small. C'est un homme qui n'a qu'une instruction rudimentaire, il est petit, énergique, et amputé de la jambe droite ; sa jambe de bois est usée du côté intérieur. La chaussure qu'il porte au pied gauche est de fabrication grossière, carrée du bout, avec un talon cerclé de fer. Enfin il est entre deux âges, fortement bronzé par le soleil, et sort du bagne. Ces indications sommaires pourront vous être de quelque utilité, surtout si vous notez en outre qu'il doit avoir la peau intérieure des mains arrachée sur une certaine largeur. Quant à son compagnon....

— Ah, il a un compagnon », interrompit Athelney Jones en ricanant, quoiqu'il fût facile de voir l'impression produite sur lui par le ton assuré d'Holmes.

« Son compagnon, reprit celui-ci en pivotant sur ses talons, est un personnage fort étrange. Mais j'espère pouvoir vous les présenter tous les deux, avant peu. Voulez-vous venir un instant, Watson, j'aurais un mot à vous dire? »

Il m'emmena jusque sur le palier de l'escalier.

« Cet événement inattendu, dit-il, nous a fait perdre de vue le but réel de notre excursion.

— C'est à quoi je pensais, répondis-je. Miss Morstan ne peut pas rester plus longtemps dans cette sinistre maison.

— Non, il faut que vous la rameniez chez elle. Elle demeure chez Mrs Cecil Forrester, dans le bas de Camberwell, assez près d'ici, comme vous voyez. Je vous attendrai, dans le cas où vous voudriez revenir. Mais peut-être vous sentez-vous trop fatigué?

— En aucune façon. D'ailleurs je crois qu'il me serait impossible de dormir avant d'en savoir davantage sur cette affaire si extraordinaire. J'ai déjà vu bien des spectacles effrayants, mais la succession rapide de tant d'aventures étranges m'a, je vous assure, ébranlé tous les nerfs. Aussi, au point où nous en sommes, je voudrais poursuivre l'enquête avec vous.

— Votre aide me sera très utile, répondit-il, nous travaillerons pour notre compte et nous laisserons ce brave Jones exulter en présence de toutes les chimères qu'il se forge. Quand vous aurez ramené miss Morstan, je voudrais que vous alliez jusqu'à Pinchin Lane, n° 3. C'est sur le bord de l'eau, dans le quartier de Lambeth. La troisième maison sur la droite est celle d'un empailleur nommé Sherman. Vous verrez sur la fenêtre une belette saisissant un jeune lapin. Secouez le vieux Sherman, dites-lui bonjour de ma part, et après lui avoir expliqué que j'ai besoin de Toby tout de suite, ramenez ensuite ledit Toby avec vous dans la voiture.

— Toby est un chien, je suppose.

— Oui, une espèce de vilain bâtard, mais qui a un nez extraordinaire. Je préfère son assistance à celle de toute la police de Londres.

— C'est bon, je vous le ramènerai, dis-je. Il est une heure du matin. Si je puis trouver un bon cheval, je serai de retour avant trois heures.

— Et moi, dit Holmes, je vais voir ce que je puis tirer de Mme Bernstone et du serviteur indien, qui, d'après ce que m'a dit Mr Thaddeus, couche dans une mansarde voisine. Puis j'étudierai les procédés du fameux Jones et je subirai ses plaisanteries qui, à la vérité, manquent un peu de sel. Mais Gœthe, avec sa grande connaissance des hommes, n'a-t-il pas dit :

« Wir sind gewohnt dass die Menschen verhöhnen, was sie nicht verstehen! [1] »

Gœthe est toujours plein de profondeur. »

[1] « Nous sommes habitués à voir les gens se moquer de ce qu'ils ne comprennent pas. »

VII

Incident du baril.

Je me servis du fiacre qui avait amené les gens de la police pour ramener miss Morstan. Grâce à ce don céleste particulier aux femmes, elle avait tout supporté de la façon la plus courageuse tant qu'elle s'était sentie nécessaire pour réconforter une créature plus faible qu'elle ; et je l'avais trouvée tenant compagnie à la tremblante femme de charge avec une apparence très calme et parfaitement naturelle. Mais, à peine en voiture, elle commença par se trouver mal, puis, sous l'émotion des incidents de la nuit, elle éclata en sanglots violents. Elle m'a souvent dit depuis qu'elle m'avait trouvé bien froid et bien distrait pendant ce voyage. Elle ne se doutait pas du combat que je livrais en moi-même et des efforts que je faisais pour me contenir. Ma sympathie et ma tendresse allaient tout entières vers elle, comme, dans le jardin, ma main avait spontanément été chercher la sienne. Nous aurions pu vivre des années au milieu de toutes les conventions dont on entoure la vie et je n'aurais pas, je le sentais, appris à connaître cette nature douce et vaillante comme un seul jour avait suffi pour me la faire apprécier, grâce à cette succession d'événements étranges. Deux pensées cependant arrêtaient sur mes lèvres tous les mots de tendresse que j'aurais voulu lui murmurer. En premier lieu, elle se trouvait près de moi faible et sans défense, l'esprit et les nerfs tout ébranlés, et c'eût été une trahison que de la forcer à écouter en un pareil moment l'aveu de mon amour. En outre, et c'était là le plus terrible, elle était riche. Si Holmes réussissait dans ses recherches, elle allait devenir une héritière. Était-il honnête, était-il loyal, pour un pauvre médecin en demi-solde, de tirer ainsi parti des circonstances qui lui avaient valu une intimité si prompte? Elle aurait été en droit de me considérer comme un vulgaire coureur de dot. Et je ne pouvais supporter la pensée de lui donner de moi une pareille opinion. Ce trésor d'Agra s'élevait entre nous comme une barrière infranchissable. Il était près de deux heures du matin, lorsque nous arrivâmes chez Mrs Cecil Forrester. Les domestiques étaient couchés depuis longtemps, mais Mme Forrester avait pris un tel intérêt à la singulière communication reçue par miss Morstan, qu'elle était restée debout pour attendre son retour. Elle nous ouvrit la porte elle-même ; c'était une femme entre deux âges et très aimable ; elle me conquit le cœur par la façon affectueuse dont elle entoura de son bras la taille de son amie et par l'intonation maternelle que sa voix prit pour s'adresser à elle. On sentait qu'elle ne la considérait pas comme une personne à ses gages, mais comme une amie très chère. Quand je lui eus été présenté, Mme Forrester me demanda très simplement de vouloir bien entrer et de lui faire un récit complet de toutes nos aventures. Mais j'arguai que j'avais une mission importante à remplir, tout en promettant de revenir et de tenir ces dames au courant de tout ce qui pourrait survenir. Au moment où ma voiture s'ébranlait, je me retournai et je revois encore maintenant le tableau qui s'offrit à ma vue : cette porte entr'ouverte, ce vestibule éclairé, avec l'escalier au fond, un rayon de lumière venant frapper le baromètre accroché au mur et surtout le groupe charmant que formaient, sur le seuil, ces deux silhouettes si gracieusement enlacées. Au milieu des horreurs et des mystères dans lesquels nous nous débattions, ce simple coup d'œil jeté sur le calme d'un intérieur anglais était vraiment reposant.

Plus je réfléchissais à l'énigme qui nous occupait, plus elle m'apparaissait terrible et indéchiffrable. Pendant qu'à la lumière des becs de gaz mon fiacre roulait à travers les rues silencieuses, je repassais dans mon esprit toute la succession de ces étranges événements. La première partie du problème était, il est vrai, résolue. La mort du capitaine Morstan, l'envoi des perles, l'annonce faite dans les journaux, la lettre, tout nous avait été expliqué. Mais voilà que nous nous heurtions maintenant à un mystère bien plus profond, bien plus tragique. Le trésor indien, le plan singulier trouvé dans les papiers de Morstan, la scène étrange au lit de mort du major Sholto, la découverte du trésor, puis aussitôt après, l'assassinat de celui qui l'avait découvert, les circonstances étranges qui entouraient ce crime, les empreintes que nous avions relevées, cette massue extraordinaire, l'inscription laissée sur la table et qui correspondait aux mots écrits sur le plan du capitaine Morstan.... Quel labyrinthe que tout cela et quel homme aurait espéré s'y reconnaître à moins d'être doué de toutes les qualités merveilleuses que possédait mon ami ?

Pinchin Lane située dans les fonds de Lambeth se composait d'un ramassis de maisons basses et misérables. Il me fallut frapper plusieurs fois au N° 3 avant qu'on se décidât à me répondre. A la fin cependant, j'aperçus une lueur filtrer à travers les persiennes et une tête apparut à la fenêtre au-dessus de la porte.

« Voulez-vous passer votre chemin, vagabond, ivrogne! dit une voix. Si vous continuez à faire tant de tapage je vais lâcher mes quarante-trois chiens à vos trousses.

— C'est précisément pour vous demander d'en lâcher un que je suis venu, dis-je.

— Voulez-vous filer, encore une fois! cria la voix. Dieu me pardonne, voici mon revolver et je fais feu sur vous si vous ne vous garez pas.

— Je vous répète que je veux un de vos chiens, m'écriai-je.

— Pas tant d'histoires, hurla M. Sherman, et

sauvez-vous, car, lorsque j'aurai compté jusqu'à trois, je tire.

— M. Sherlock Holmes », commençai-je…. Ce nom produisit un effet si magique que la fenêtre se referma instantanément et une seconde après la porte s'ouvrait devant moi.

M. Sherman était un grand vieillard sec, aux épaules voûtées, au cou long et décharné, le nez affublé de lunettes bleues.

« Un ami de M. Sherlock Holmes sera toujours le bienvenu, dit-il, entrez donc, monsieur. Mais ne vous approchez pas trop de ce blaireau, il mord. »

Puis s'adressant à un furet qui passait une tête pointue aux yeux roses à travers les barreaux d'une cage :

« Ah ! le méchant qui veut donner un vilain coup de dent au monsieur ! Ceci, ajouta-t-il, n'est qu'un orvet bien inoffensif, n'y faites pas attention, monsieur ; comme il n'a pas de crochets venimeux je lui permets de rôder à travers la chambre, cela éloigne les insectes. J'espère que vous ne m'en voudrez pas de la façon un peu brusque dont je vous ai accueilli tout à l'heure. Mais, voyez-vous, les enfants cherchent toujours à me tourmenter, et il y en a bien souvent qui viennent crier comme cela dans la rue pour me réveiller. Qu'y a-t-il pour le service de M. Sherlock Holmes, monsieur ?

— Il a besoin d'un de vos chiens.

— De Toby, sans doute ?

— Oui, précisément.

— Toby loge au n° 7 par ici, à gauche. »

Il passa devant moi en m'éclairant avec son flambeau et s'avança lentement au milieu de la plus curieuse réunion d'animaux qu'on pût voir. A la lueur incertaine et tremblotante de la bougie, je distinguais vaguement dans tous les coins et de tous les côtés des yeux perçants, dont le regard brillant se dirigeait sur nous. Au-dessus de nos têtes, les poutres elles-mêmes servaient de perchoirs à des volatiles solennels qui, réveillés par le son de nos voix, se dandinaient paresseusement d'une jambe sur l'autre.

Toby n'était qu'un horrible chien à long poil et aux oreilles tombantes, moitié braque et moitié épagneul, blanc avec des taches brunes, et qui se tortillait en marchant de la façon la plus disgracieuse. Il consentit après quelque hésitation à prendre de ma main un morceau de sucre que le vieil empailleur m'avait remis et, la connaissance ainsi faite, il voulut bien me suivre jusqu'au fiacre dans lequel il monta avec moi sans faire la moindre difficulté. Trois heures sonnaient à l'horloge du Palais, au moment où la voiture s'arrêta devant Pondichery Lodge.

L'ancien lutteur, Mac Murdo, avait été arrêté par surcroît et avait déjà été conduit au poste en compagnie de M. Sholto. C'étaient deux agents qui gardaient la petite porte, mais ils me laissèrent passer avec le chien lorsque je me fus recommandé du détective.

Holmes était sur le pas de la porte et fumait sa pipe, les mains dans les poches.

« Ah! vous l'avez ramené, dit-il, brave chien, va! Athelney Jones n'est plus là. Depuis votre départ les mesures les plus énergiques ont été prises; ça a été un beau spectacle. En plus de l'ami Thaddeus, le portier, la femme de charge, le domestique indien ont été également arrêtés. La maison nous appartient maintenant; il ne s'y trouve plus qu'un agent en haut. Laissez donc le chien là et montez avec moi. »

Nous attachâmes Toby à la table du vestibule et nous grimpâmes l'escalier. La chambre était dans l'état où nous l'avions laissée, si ce n'est qu'on avait étendu un drap sur le cadavre. Un agent de police sommeillait dans un coin, l'air éreinté.

« Prêtez-moi votre lanterne sourde, agent », dit mon compagnon. Puis, s'adressant à moi : « Veuillez donc attacher ce petit morceau de carton autour de mon cou de manière qu'il pende devant moi. Merci, je suis obligé d'enlever mes bottines et mes chaussettes et je vous prierai de les descendre avec vous tout à l'heure, car je vais faire un peu de gymnastique. Ah! ayez donc la complaisance de tremper mon mouchoir dans le goudron.... C'est cela. Maintenant, montez un instant avec moi dans le grenier. »

Nous nous hissâmes par le trou. Holmes dirigea la lumière de sa lanterne sur les empreintes imprimées dans la poussière pour les examiner une fois encore.

« Je désire tout particulièrement que vous examiniez bien ces empreintes, dit-il. Y remarquez-vous quelque chose d'extraordinaire?

— Ce sont celles faites par le pied d'un enfant ou par celui d'une femme assez petite.

— A part cela, n'y voyez-vous rien de particulier?

— Mon Dieu, non!

— Vraiment? Eh bien! regardez. Voici dans la poussière l'empreinte d'un pied droit. Je pose mon pied droit à côté. Ne trouvez-vous pas une différence?

— Vos doigts de pied sont tous réunis, tandis que dans l'autre empreinte les doigts sont nettement séparés les uns des autres.

— C'est cela; voilà le point important, ne l'oubliez pas. Maintenant allez donc jusqu'à la trappe qui donne sur le toit, et sentez la planche formant le seuil. Je ne veux pas bouger d'ici puisque je tiens ce mouchoir à la main. »

Je fis ce qu'il me conseillait et je perçus immédiatement une forte odeur de goudron.

« Voyez-vous, c'est là que notre individu a posé le pied en partant. Puisque vous-même avez pu le suivre à la piste, je pense que ce ne sera qu'un jeu pour Toby. Allez donc vite le détacher, et, du jardin, regardez-moi faire l'acrobate. »

Avant que je fusse arrivé dans le jardin, Sherlock Holmes était déjà sur le toit, et d'en bas, avec sa lanterne, il ressemblait à un énorme ver luisant qui aurait rampé dans la gouttière. Il disparut un instant derrière les cheminées, puis il se montra de nouveau, mais pour disparaître encore de l'autre côté de la maison. Lorsque j'eus fait le tour du bâtiment, je l'aperçus assis à l'extrémité du toit.

« Est-ce vous, Watson? me cria-t-il.
— Oui.

— Voici l'endroit. Mais quelle est la machine sombre que je vois là en bas ?

— Un tonneau pour recevoir l'eau de pluie.

— A-t-il un couvercle ?

— Oui.

— Pas de trace d'échelle ?

— Non.

— Que le diable emporte l'animal ! Il y a de quoi se casser cent fois le cou. Et cependant je dois bien être capable de passer là où il a passé lui-même. Le tuyau de la gouttière paraît assez solide. Allons-y gaiement. »

J'entendis un bruit de pieds et de mains faisant résonner le zinc, puis j'aperçus le point lumineux formé par la lanterne qui glissait lentement le long du mur. Enfin, Holmes sauta légèrement sur le tonneau et de là à terre.

« Mon homme était facile à filer, me dit-il tout en remettant ses chaussettes et ses bottines. Les tuiles sont ébranlées sur tout le parcours qu'il a suivi et dans sa précipitation voici ce qu'il a laissé tomber. Mon diagnostic, comme vous dites, vous autres médecins, se trouve ainsi confirmé. »

Tout en parlant il me tendait un petit étui fait de pailles de plusieurs couleurs tressées ensemble et orné de perles de clinquant.

Comme forme et comme dimension, cet objet ressemblait assez à un porte-cigarettes ; mais il contenait une demi-douzaine d'épines noirâtres, pointues à un bout et arrondies de l'autre, absolument semblables à celle dont on s'était servi contre Bartholomé Sholto.

« Ce sont d'infernales machines, dit Holmes. Prenez bien garde de ne pas vous piquer. Mais je suis ravi de les avoir, car il est probable que notre individu n'en possède pas d'autres et nous aurons ainsi moins de chances d'en sentir une nous arriver sous la peau. Pour ma part, voyez-vous, j'aimerais cent fois mieux recevoir une bonne balle d'un fusil de munition. Vous sentez-vous de taille à faire une dizaine de kilomètres, Watson ?

— Certainement, répondis-je.

— Votre jambe ne s'en ressentira pas ?

— Non, non.

— En chasse donc, mon vieux chien ; brave Toby, va, sens bien cela, Toby, sens cela. »

Tout en parlant, il mettait le mouchoir imbibé de goudron sous le nez de l'animal, tandis que celui-ci, les pattes écartées et raidies, le reniflait avec l'expression la plus comique, comme un connaisseur l'aurait fait du bouquet d'un cru fameux.

Holmes jeta alors son mouchoir au loin, attacha une forte corde au collier du chien et le mena au pied du tonneau sous la gouttière. L'animal se mit aussitôt à aboyer fortement et d'une façon précipitée ; puis, le nez à terre, la queue en l'air, il s'élança sur la piste en tirant la corde de toutes ses forces et en prenant une allure que nous avions toutes les peines du monde à suivre.

L'horizon commençait à s'éclaircir vers l'est et une lumière blafarde nous permettait de voir à quelques pas devant nous. Derrière, s'élevait, sinistre et désolée, la grande maison aux fenêtres obscures, aux murs sombres. Nous coupions à travers le jardin, franchissant les tranchées et les trous dont il était semé. Ces tas de terre remuée, les buissons mal tenus du parc, contribuaient à donner à tout l'ensemble un aspect effrayant, qui s'harmonisait complètement avec le terrible drame dont ces lieux avaient été le théâtre.

En atteignant le mur d'enceinte, Toby se mit à le suivre en courant, en gémissant de toutes ses forces, et finalement il s'arrêta à un angle ombragé par un jeune hêtre. A l'intersection des deux murailles plusieurs briques avaient été détachées, et, dans les vides laissés, on voyait de nombreuses traces qui prouvaient qu'on s'était fréquemment servi de cette échelle d'un nouveau genre. Holmes l'escalada, et prenant le chien que je lui tendais, il le déposa de l'autre côté du mur.

« Voici l'endroit où l'homme à la jambe de bois a posé la main, me dit-il, lorsque je le rejoignis. Voyez cette petite tache de sang sur le mortier. C'est une vraie chance qu'il n'ait pas plu depuis hier! Malgré les vingt-quatre heures écoulées, l'odeur ne se sera pas évaporée sur le chemin. »

Je dois avouer que je ne partageais guère sa confiance. Cette route était si passante. Mes craintes furent vite dissipées cependant, car Toby, sans une minute d'hésitation, empauma la voie et se mit à trotter devant nous à l'allure qui lui était familière. L'odeur pénétrante du goudron dominait évidemment toutes les autres.

« N'allez pas croire, dit Holmes, que pour réussir cette affaire j'escompte le hasard qui a permis à un des criminels de mettre par mégarde le pied dans cette substance odorante. Non, j'ai maintenant bien assez de points de repère pour arriver à la solution de plusieurs autres façons. Mais, comme celle-ci est la plus simple, il serait stupide de négliger une pareille bonne fortune et je tiens à en profiter. Et cependant, sans cela, cette affaire aurait pu devenir le joli problème d'intelligence que j'avais espéré au début; mais avec une piste aussi facile à suivre, où sera le mérite?

— Où il sera? m'écriai-je. Mais je vous assure, Holmes, que je suis pénétré d'admiration pour tout ce que vous venez de faire; vous avez été encore plus merveilleux que dans l'affaire Jefferson Hope. Ici le mystère est bien plus profond, bien plus inexplicable. Comment, par exemple, avez-vous pu donner avec une telle assurance le signalement de l'homme à la jambe de bois?

— Mais, mon pauvre garçon, c'est là l'A-B-C du métier. Je ne veux pas poser devant vous et je vais vous étaler tout mon jeu, vous verrez comme c'est simple. Dans un bagne, deux officiers appartenant à la troupe qui garde les forçats sont mis au courant d'un secret important, concernant un trésor caché. Un plan de l'endroit où gît ce trésor a été tracé par un Anglais appelé Jonathan Small. Vous vous rappelez que nous avons vu ce nom inscrit sur le document trouvé parmi les papiers du capitaine Morstan, document qui fut signé par tous les associés sous cette rubrique romanesque : « La marque des quatre ». Grâce à ce plan, les deux officiers, ou plutôt l'un d'eux déterre le trésor et l'emporte en Angleterre, négligeant, d'après ce que nous supposons, de remplir une des clauses de la convention passée entre tous les associés. Maintenant pourquoi Jonathan Small n'a-t-il pas eu sa part du trésor? La réponse est facile à faire. Le document que nous possédons est daté d'une époque à laquelle Morstan était en contact journalier avec les forçats. Jonathan Small et ses compagnons étaient alors au bagne, et, ne pouvant en sortir, ont été frustrés de la part à laquelle ils prétendaient.

— Mais tout cela ne repose que sur de vagues hypothèses, remarquai-je.

— Pardon, mieux que cela, car c'est la seule explication plausible à donner aux faits; nous verrons si par la suite tout concorde aussi bien. Le major Sholto a dû pendant quelques années jouir tranquillement de son trésor. Mais un beau jour il reçoit des Indes une lettre qui le bouleverse. Que pouvait-elle contenir? Elle lui apprenait sans doute, que les individus qu'il avait lésés étaient libérés, ou qu'ils s'étaient évadés, ce qui paraît bien plus probable; autrement il aurait su la durée de leur peine et il n'aurait pu éprouver aucune surprise. Mais à cette nouvelle quel est son premier soin? C'est de se garder contre un homme à la jambe de bois, un Européen, remarquez bien, puisqu'il croit le reconnaître dans un colporteur sur lequel il tire un coup de pistolet. Or, parmi les signataires du plan, je ne relève qu'un nom européen, tous les autres étant indiens ou musulmans. Voilà ce qui nous permet d'affirmer en toute assurance que l'homme à la jambe de bois n'est autre que Jonathan Small. Ce raisonnement vous paraît-il pécher en quelque point?

— Non certainement, il est clair et précis.

— Bon, mettons-nous alors à la place de Jonathan Small et envisageons les choses à son point de vue. Il vient en Angleterre dans un double but : celui de revendiquer ce à quoi il croit avoir droit, et aussi celui de se venger de l'homme qui l'a trompé. Il a découvert la retraite de Sholto et vraisemblablement lié des intelligences avec quelqu'un de la maison. Il y a ce maître d'hôtel Lal Rad, que nous n'avons pas vu, et dont Mrs Bernstone est loin de faire l'éloge. Small nécessairement n'a pu découvrir l'endroit où était caché le trésor, puisque le major et un serviteur de confiance qui venait de mourir avaient toujours été seuls à le savoir. Tout à coup Small apprend que le major est à toute extrémité. Affolé à la pensée que le secret de la cachette allait mourir avec lui,

Small, bravant tout, parvient jusqu'à la fenêtre du moribond et il faut la présence des deux fils pour l'empêcher d'entrer. Dans un transport de rage cependant, il pénètre cette même nuit dans la chambre mortuaire, fouille tous les papiers dans l'espoir de découvrir quelque note relative au trésor et finalement laisse sa carte de visite sous la forme de l'inscription épinglée sur le cadavre. Il s'était sans doute dit d'avance que si jamais il venait à tuer le major, il laisserait derrière lui la preuve que ce n'était pas là un assassinat vulgaire mais bien, au point de vue des quatre associés, un pur acte de justice. Ces prétentions bizarres sont assez fréquentes dans les annales du crime et sont souvent très utiles pour mettre sur la trace du coupable. Suivez-vous bien toutes mes déductions?

— Parfaitement.

— Eh bien, à quoi se bornait pour le moment le rôle de Jonathan Small? Simplement à suivre de loin et en secret toutes les recherches faites pour découvrir le trésor. Peut-être même n'habitait-il pas en Angleterre d'une façon continue et n'y revenait-il que de temps à autre. Mais un beau jour on découvre la cachette du grenier et il l'apprend aussitôt, ce qui nous prouve une fois de plus la présence d'un complice dans la maison. Cependant, avec sa jambe de bois, Jonathan est incapable d'atteindre, sans éveiller l'attention, l'étage où loge Bartholomé Sholto. Il prend donc comme associé un être bizarre qui s'acquitte de cette tâche, mais qui dans son trajet trempe son pied nu dans le goudron, et voilà ce qui nous oblige à employer Toby et à faire faire à un brave officier en demi-solde une jolie trotte de huit kilomètres sans égards pour l'état dans lequel se trouve son tendon d'Achille.

— Mais c'est l'associé de Jonathan Small et non lui-même qui a commis le crime?

— Certainement, et même contre le gré de Jonathan qui a dû en éprouver une violente colère, si j'en juge par la manière dont il a frappé plusieurs fois du pied en entrant dans la chambre. Il ne nourrissait aucun ressentiment contre Bartholomé Sholto et il demandait simplement que celui-ci fût lié et bâillonné; car il n'avait pas la moindre envie de risquer la potence. Cependant il n'y pouvait plus rien, les instincts sauvages de son camarade s'étaient donnés carrière et le poison avait déjà fait son œuvre. Jonathan Small n'avait donc plus qu'à laisser cette inscription comme trace de son passage, à descendre jusque dans le jardin le coffre renfermant le trésor et à prendre ensuite pour son compte le même chemin. Voilà, d'après ce que je peux débrouiller, comment ont dû s'enchaîner les événements. Si vous voulez maintenant son signalement, j'ajouterai qu'il doit être entre deux âges et avoir le teint bronzé par le soleil, suite de son séjour prolongé dans le climat brûlant de l'archipel Andaman. La dimension de ses enjambées nous permet de calculer sa taille et nous savons de plus qu'il porte toute sa barbe, puisque son aspect hirsute est ce qui a le plus frappé Thaddeus Sholto lorsqu'il l'a entrevu à la fenêtre de la chambre où son père agonisait. Je ne vois guère autre chose à ajouter.

— Et le complice?

— Ah! pour celui-là, le mystère n'est pas bien difficile à percer. Mais vous saurez bientôt par vous-même à quoi vous en tenir. Que cette matinée est belle! Voyez flotter au ciel ce petit nuage rose; ne dirait-on pas une plume arrachée à quelque gigantesque flamant? Et voici le disque rouge du soleil qui s'élève au-dessus des brouillards de Londres. Sa lueur éclaire bien des gens différents et cependant parmi eux tous, je gagerais qu'aucun ne se trouve lancé dans une avenure aussi étrange que celle à laquelle nous sommes mêlés. Comme nous sentons combien nous sommes peu de chose, nous et nos ambitions mesquines et nos efforts de pygmées, en présence du merveilleux spectacle que nous offre la concentration de toutes les forces de la nature! Possédez-vous bien Jean-Paul et ses ouvrages?

— Assez bien, c'est par Coclyle que je suis remonté jusqu'à lui.

— C'est comme si vous remontiez un ruisseau jusqu'au lac où il prend naissance. Eh bien, il a fait une remarque curieuse, mais pleine de profondeur. La principale preuve de la grandeur réelle de l'homme, dit-il, réside dans la conscience qu'il a de sa propre faiblesse. En effet n'est-ce pas le signe d'une véritable noblesse que d'être capable de se comparer et de s'apprécier aussi justement? Il y a dans Richter un vaste champ ouvert à nos pensées.... Mais avez-vous un revolver sur vous?

— Non, je n'ai que mon bâton.

— Si nous arrivons jusqu'à leur tanière il est possible que nous ayons besoin d'une arme quelconque. Je vous abandonnerai Jonathan, mais si l'autre veut faire le méchant, je le tuerai net. »

Et ce disant il tira son revolver et ne le remit dans la poche de son veston qu'après l'avoir chargé.

Pendant ce temps, tout en suivant notre guide Toby, nous avions parcouru le chemin champêtre et tout bordé de villas qui conduisait à la métropole. Maintenant nous arrivions à l'entrée d'un dédale de rues où circulaient déjà les ouvriers et les employés des Docks; des femmes sales et déguenillées ouvraient les volets ou balayaient le seuil des portes. Chez les marchands de vin, les clients commençaient à arriver et on voyait se succéder des travailleurs au rude aspect, s'essuyant avec leur manche la barbe encore mouillée des ablutions du matin. Des chiens de toute sorte rôdaient çà et là et nous dévisageaient curieusement, tandis que nous suivions toujours notre incomparable Toby qui, lui, ne jetait un regard ni à droite, ni à gauche, mais continuait à trotter le nez à terre en grognant sourdement, comme pour nous montrer combien la voie était chaude. Nous avions traversé Streatham, Brixton, Comberwell et nous nous trouvions maintenant dans l'avenue de Kennington, ayant obliqué par de petites rues étroites vers l'est du périmètre de Londres. Les individus sur la piste desquels nous étions semblaient avoir cherché à dérouter toute poursuite en faisant de nombreux zigzags. Toutes les fois qu'ils avaient trouvé une petite rue sensiblement parallèle, ils avaient soigneusement évité de prendre l'artère principale. Au bout de l'avenue de Kennington ils avaient tourné à gauche en prenant par Bond Street et Miles Street. A l'endroit où cette dernière rue arrive à Knight's Palace, Toby hésita un instant, puis il commença à courir en avant et en arrière, une oreille en l'air, l'autre pendante, présentant au plus haut point l'image de l'indécision ; enfin il se mit à tracer des cercles concentriques tout en nous regardant de temps à autre, comme pour nous demander de prendre son embarras en pitié.

« Que diable a donc ce chien ? grommela Holmes. Ils n'ont certainement pas pris un fiacre, et ils ne se sont pas envolés en ballon.

— Peut-être se sont-ils arrêtés ici quelque temps, suggérai-je.

— Ah! tout va bien, le voilà reparti », dit mon compagnon en poussant un soupir de soulagement.

Toby était reparti en effet ; après avoir reniflé de tous côtés, il avait tout d'un coup pris son parti et s'était élancé avec une ardeur et une assurance plus grandes que jamais. La voie paraissait bien plus chaude maintenant ; il n'avait même plus besoin de mettre le nez par terre et il tirait de toutes ses forces sur le trait en cherchant à prendre le galop. Je regardai Holmes et, à l'éclat de ses yeux, je jugeai qu'il pensait enfin toucher au but.

Nous descendîmes ainsi l'avenue de Elms jusqu'au grand chantier de bois de la raison sociale Broderiek et Nelson contre la taverne de l'Aigle blanc. Là, le chien, fou d'excitation, se précipita dans la cour où les scieurs de long étaient déjà au travail ; puis, bondissant à travers la sciure et les copeaux, il suivit une allée, traversa un passage pratiqué entre deux piles de bois, et finalement avec un aboiement de triomphe s'élança sur un grand tonneau qu'on n'avait pas encore descendu de la charrette qui l'avait amené. Assis là, la langue pendante, l'œil clignotant, Toby se reposait maintenant, guettant de l'un ou de l'autre de nous un signe d'approbation. Les douves du tonneau et les roues de la charrette étaient couvertes d'un liquide noirâtre et tout l'air était imprégné d'une forte odeur de goudron.

Sherlock Holmes et moi, nous nous regardâmes d'abord avec consternation, puis nous éclatâmes en même temps, tous les deux, d'un immense fou rire.

VIII

Les irréguliers de Baxer Street.

« Qu'allons-nous faire maintenant? demandai-je. Voilà Toby perdu de réputation.

— Il a fait ce qu'il a pu », dit Holmes en faisant descendre le chien et en l'emmenant hors du chantier. « Pensez à la quantité de goudron qu'on charrie chaque jour à travers Londres et dans cette saison en particulier où l'on en consomme beaucoup pour enduire les bois. Comment s'étonner que le pauvre Toby ait pris le change? Nous ne saurions vraiment lui en vouloir.

— Mais ne faut-il pas maintenant retrouver la bonne piste?

— Évidemment et par bonheur nous n'avons pas loin à aller. Il est clair que l'hésitation du chien au coin de Knight's Palace provenait des deux pistes différentes qui s'éloignaient dans des directions opposées. Puisque nous avons commencé par la mauvaise, nous n'avons plus maintenant qu'a prendre l'autre. »

Cela ne fut pas difficile. Ramené à l'endroit où il avait été en défaut, Toby se remit à tracer un grand cercle, puis partit rapidement dans une nouvelle direction.

« Prenons garde qu'il ne nous conduise à l'endroit d'où l'on a apporté le tonneau de goudron, remarquai-je.

— J'y ai déjà pensé. Mais remarquez qu'il reste sur le trottoir, tandis que le tonneau n'a pu passer que sur la chaussée. Nous sommes donc sur la bonne piste. »

Elle se dirigeait vers la rivière, traversant Belmond Place et Princes Street. Au bout de Broad Street elle nous amena jusqu'au bord de l'eau à un petit embarcadère en bois. Toby, une fois là, se prit à gémir en regardant tristement l'eau qui courait au-dessous de lui.

« Pas de veine, dit Holmes. Ils se sont embarqués ici. »

Il y avait plusieurs barques ou canots amarrés près de l'embarcadère. Nous fîmes faire à Toby le tour de chacun d'eux, mais, après les avoir flairés consciencieusement l'un après l'autre, il ne donna aucun signe de reconnaissance.

Près de ce débarcadère assez primitif, s'élevait une petite maison en briques; sur la fenêtre on voyait un écriteau portant en grosses lettres l'enseigne suivante : « Mordecai Smith », et au-dessous : « Bateaux à louer à l'heure ou à la journée ». Une seconde inscription placée au-dessus de la porte nous apprit que parmi les embarcations à louer figurait une embarcation à vapeur; on aurait d'ailleurs pu le deviner en voyant sur la jetée un grand tas de coke. Sherlock Holmes promena lentement ses regards autour de lui et une expression de désappointement profond se refléta sur ses traits.

« Voilà qui prend mauvaise tournure, dit-il. Ces gredins sont plus forts que je ne croyais. Ils semblent avoir tout prévu pour dérober leurs traces, et je crains bien qu'ils ne se soient préalablement entendus avec les gens de cette maison. »

Comme nous approchions de la porte, elle s'ouvrit brusquement et un petit gamin tout frisé, de six ans environ, se précipita dehors, poursuivi par une grosse femme à la figure rougeaude qui tenait une grande éponge à la main.

« Veux-tu bien revenir, Jeannot, cria-t-elle, vas-tu te laisser laver; allons ici, vilain drôle! Si ton père rentre et te trouve dans cet état-là, tu auras de ses nouvelles.

— Quel gentil petit bonhomme! dit Holmes, avec diplomatie. Quelles bonnes joues roses il a le gaillard! Voyons, Jeannot, qu'est-ce qui pourrait bien te faire plaisir? »

Le gamin réfléchit un instant.

« Un schelling, dit-il.

— N'y a-t-il rien que tu aimerais mieux?

— J'aimerais mieux deux schellings », répondit le petit phénomène après une nouvelle réflexion.

« Parfait, mon ami, les voici. Un bien bel enfant, mistress Smith.

— Dieu vous bénisse, monsieur, il est beau en effet et bien avancé pour son âge. Il ne l'est même que trop, car je ne peux plus en venir à bout, surtout lorsque mon homme s'absente pour plusieurs jours comme cela lui arrive quelquefois.

— Est-ce que Mr Smith serait absent en ce moment? dit Holmes d'un ton désappointé. Je le regretterais bien, car je voulais lui parler.

— Il est parti depuis hier matin, monsieur, et, pour vous dire la vérité, son absence commence à m'inquiéter. Mais, s'il s'agit d'une location de bateau, je puis parfaitement le remplacer.

— J'aurais voulu louer la chaloupe à vapeur.

— Bon Dieu, monsieur, c'est précisément la chaloupe qu'il a prise. Et c'est même ce qui me chiffonne, car je sais qu'elle n'a de charbon que juste de quoi aller à Woolwich et en revenir. S'il était parti sur une autre embarcation, je n'aurais pas été inquiète; souvent il va jusqu'à Gravesend, et, s'il trouve à s'employer là, il y reste. Mais à quoi peut servir une chaloupe à vapeur sans charbon?

— Il peut en avoir acheté dans quelque dépôt le long de la rivière.

— Ce n'est pas impossible, monsieur, mais ce n'est guère dans ses habitudes. Que de fois je l'ai entendu crier contre les prix qu'on demande dans ces endroits-là pour quelques mauvais sacs! D'ailleurs cet homme à la jambe de bois ne me revient pas avec sa vilaine figure et son accent bizarre. Pourquoi venait-il à tout bout de champ nous déranger?

— Un homme à la jambe de bois? dit Holmes en éprouvant une agréable surprise.

— Oui, monsieur, un individu tout bronzé, et avec une tête de singe, qui est venu plus d'une fois causer avec mon excellent mari. C'est lui qui est arrivé le réveiller hier soir, et, qui plus est, Smith l'attendait, sans doute, car la chaloupe était déjà sous vapeur. Je vous le dis franchement, monsieur, je ne suis pas rassurée.

— Mais, ma pauvre mistress Smith, dit Holmes en haussant les épaules, vous vous effrayez sans motif. Puisque c'était au milieu de la nuit, comment savez-vous que c'est bien l'homme à la jambe de bois qui est venu ? Vous ne pouvez en être sûre.

— Je l'ai reconnu à la voix, monsieur, une voix rude et enrouée, et je ne m'y suis pas trompée, allez. Il a frappé à la fenêtre vers trois heures du matin. — Allons debout, camarade, a-t-il dit, voici l'heure de prendre le service. Mon homme a réveillé Gim, c'est notre fils aîné, et ils sont partis sans même me dire un mot. J'ai même pu entendre la jambe de bois sonner sur le pavé.

— Et cet homme à la jambe de bois était-il seul ?

— Je ne saurais vraiment le dire, monsieur, je n'ai entendu personne d'autre.

— Je regrette bien ce contretemps, mistress Smith, car j'avais besoin d'une chaloupe à vapeur, et on m'avait donné d'excellents renseignements sur le.... Voyons, rappelez-moi donc son nom.

— L'*Aurora*, monsieur.

— Ah oui, est-ce que ce n'est pas une vieille chaloupe très large peinte en vert avec une bande jaune?

— Non pas. C'est la petite merveille la mieux construite de toute la Tamise. Elle vient d'être fraîchement repeinte en noir avec deux raies rouges.

— Merci bien. J'espère que vous aurez bientôt des nouvelles de M. Smith. Je vais moi-même descendre la rivière, et si je voyais l'*Aurora*, je lui ferais connaître vos inquiétudes. Vous m'avez dit que le tuyau de la cheminée était tout noir, n'est-ce pas?

— Non, monsieur, noir avec une bande blanche.

— Ah oui, c'est vrai, c'est la coque qui est noire. Bonjour, mistress Smith. Voici un batelier avec sa barque, Watson; nous allons la prendre et traverser la rivière. — La première des choses avec des gens de cette catégorie, continua Holmes, tandis que nous prenions place dans l'embarcation, est de ne jamais leur laisser croire que les renseignements qu'ils vous donnent puissent avoir pour vous la moindre importance; sinon, ils se referment instantanément comme des huîtres. Si au contraire vous avez l'air de les écouter presque à votre corps défendant, comme je viens de le faire, vous avez bien des chances de tirer d'eux tout ce que vous voulez savoir.

— Ce qui nous reste à faire, dis-je, est maintenant tout indiqué.

— Et comment l'entendez-vous, dites-moi ?

— Nous allons prendre une barque, et explorer toute la rivière jusqu'à ce que nous ayons retrouvé l'*Aurora*.

— Mais, mon pauvre ami, ce serait une tâche colossale. L'*Aurora* peut s'être arrêtée sur l'une ou l'autre rive entre ici et Greenwich. Or, avant d'arriver au port, il y a tout un labyrinthe de quais qui s'étendent sur nombre de kilomètres. Il faudrait des semaines et des semaines à un homme seul pour les explorer tous.

— Servons-nous alors de la police.

— Non, non, bien qu'au dernier moment j'aie envie de prendre Athelney Jones avec nous. Ce n'est pas un méchant homme et je serais désolé de lui porter un préjudice qui puisse nuire à sa carrière. Mais pour l'instant, étant donné tout ce que j'ai déjà fait, je désire continuer à travailler seul.

— Ne pourrions-nous pas alors insérer dans les journaux une annonce adressée aux gardes-quais pour les prier de nous renseigner ?

— Ce serait encore bien pis! Les assassins apprendraient ainsi que nous les serrons de près et s'empresseraient de fuir, tandis que maintenant ils comptent sans doute quitter le pays ; seulement rien ne les presse tant qu'ils se croient en sûreté. La façon dont se démène Jones ne peut que nous être utile, car les journaux vont certainement rendre compte de toutes ses démarches, et nos fugitifs seront convaincus que tout le monde s'est emballé sur une fausse piste.

— Qu'allons-nous faire, alors? demandai-je au moment où nous débarquions près du Pénitencier de Milbank.

— Ce que nous allons faire? Monter dans ce fiacre qui passe, rentrer chez nous, déjeuner et dormir une bonne heure. Car tout me fait croire que nous aurons encore à veiller cette nuit. Cocher, arrêtez-vous à un bureau télégraphique. En tout cas, nous allons garder Toby, qui trouvera peut-être encore l'occasion de se rendre utile. »

Nous nous arrêtâmes au bureau de Great Peter Street, d'où Holmes envoya une dépêche.

« A qui croyez-vous que j'aie télégraphié? me demanda-t-il, en remontant en voiture.

— Je n'en sais, ma foi, rien.

— Vous rappelez-vous l'escouade de mes petits

agents de Baxer Street, que j'ai employés dans l'affaire de Jefferson Hope?

— Certainement, dis-je en riant.

— Voici encore une affaire où ils peuvent m'être d'un secours précieux. Si je ne réussis pas avec eux, j'ai encore d'autres cordes à mon arc, mais je veux commencer par les mettre à l'épreuve. Ma dépêche était adressée à mon petit lieutenant Wiggins, ce vilain voyou que vous connaissez, et je pense que lui et sa bande seront chez nous avant que nous ayons fini de déjeuner. »

Il était alors entre huit et neuf heures du matin et, après toutes les émotions de la nuit, je sentais la réaction s'opérer. Harassé comme je l'étais, mes idées se brouillaient, mes membres se courbaturaient. Il me manquait, d'ailleurs, l'enthousiasme professionnel qui soutenait mon compagnon et je ne pouvais, comme lui, ne voir dans toute cette affaire qu'un simple problème d'intelligence à résoudre.

Bartholomé Sholto avait, il est vrai, été assassiné, mais j'avais entendu dire si peu de bien sur son compte que je ne me sentais pas capable d'en vouloir beaucoup à ses meurtriers. Le trésor, toutefois, m'intéressait davantage; en bonne justice il appartenait, du moins en partie, à miss

Morstan. Tant qu'il y aurait une chance de le reconquérir, j'étais prêt à consacrer ma vie à cette œuvre. Et cependant, si je venais à le retrouver, cela ne constituerait-il pas une barrière infranchissable entre elle et moi ? Mais combien mesquin, combien égoïste aurait été mon amour, s'il s'était laissé influencer par une semblable pensée ! Si Holmes s'était juré d'arrêter les coupables, j'avais, moi, dix raisons meilleures pour arriver à découvrir le trésor.

Après avoir pris un bain et avoir fait une toilette complète, je me sentis passablement réconforté. En entrant dans le salon, je trouvai le déjeuner servi et Holmes était déjà en train de verser le café.

« Regardez donc, dit-il en me tendant avec un sourire un journal tout ouvert. Ce merveilleux Jones et l'inévitable reporter ont percé déjà tout le mystère à jour. Mais, au fait, vous devez en avoir par-dessus la tête de toute cette affaire. Commencez donc par avaler votre jambon et vos œufs. »

Je pris le journal et vis un article intitulé : « Une mystérieuse affaire à Upper Norwood : Hier soir vers minuit, disait le *Standard*, M. Bartholomé Sholto, de Pondichery Lodge, a été trouvé mort dans sa chambre et tout porte à croire qu'on se trouve en présence d'un crime. Cependant, d'après nos informations, le cadavre ne portait aucune trace de violence; mais une magnifique collection de bijoux indiens dont M. Sholto avait hérité de son père, avait disparu. Ce sont MM. Sherlock Holmes et le Dr Watson qui ont les premiers découvert le cadavre; ils étaient venus voir la victime, accompagnés de M. Thaddeus Sholto le frère. Grâce à une chance inespérée, M. Athelney Jones, l'agent si connu, se trouvait alors au poste de police d'Upper Norwood et a pu se rendre immédiatement sur le théâtre du drame. Son expérience et sa sagacité l'ont mis aussitôt sur la trace des criminels, et, sans plus tarder, il a arrêté Thaddeus Sholto, le frère de la victime, Mrs Bernstone, la femme de charge, un maître d'hôtel indien, appelé Lal Rad, et le concierge Mac Murdo. Celui ou ceux qui ont commis le crime étaient, à coup sûr, parfaitement au courant des êtres de la maison; car M. Jones, grâce à ses connaissances techniques si connues, grâce aussi au talent d'observation qui le distingue, a prouvé d'une manière concluante que les misérables n'avaient pu entrer ni par la porte, ni par la fenêtre, mais qu'ils s'étaient introduits par le toit en se servant d'une trappe qui donnait dans une chambre communiquant avec celle dans laquelle le cadavre a été découvert. On se trouve en présence d'un crime parfaitement prémédité. L'énergie et l'activité déployées par les représentants de la force publique prouvent combien il est utile d'avoir dans de pareilles circonstances une tête qui sache raisonner et commander tout à la fois. Voilà le meilleur argument à invoquer pour ceux qui demandent la décentralisation des agents de police ; car ne voit-on pas combien il est indispensable qu'ils puissent se porter le plus tôt possible à l'endroit où le devoir les appelle ? »

« Eh bien ! qu'en dites-vous ? dit Holmes en ricanant, sa tasse de café à la main. N'est-ce pas superbe ?

— Je trouve que nous avons eu une rude chance de ne pas être arrêtés nous-mêmes.

— C'est aussi mon opinion, et même, à l'heure qu'il est, je ne réponds pas encore de notre sûreté, si ce brave Jones est repris de son beau zèle. »

A ce moment, la sonnette tinta violemment et nous entendîmes notre propriétaire, Mrs Hudson, pousser des exclamations d'horreur.

« Mon Dieu! Holmes, dis-je en me soulevant sur mon siège, je crois vraiment que voici la police à nos trousses.

— Non, nous n'en sommes pas encore là. Ce sont des agents qui n'ont rien d'officiel, simplement mes petits irréguliers de Baxer Street. »

Tandis qu'il parlait, un clapotis de pieds déchaussés se faisait entendre dans l'escalier en même temps qu'un bruit confus de voix criardes, et une douzaine de petits gamins sales et déguenillés firent irruption dans le salon. Malgré tout, une certaine discipline régnait parmi eux, car, à peine entrés, ils se mirent sur un rang, en face de nous, attendant avec impatience la communication qu'on avait à leur faire. L'un d'eux, plus grand et plus âgé que les autres, se porta en avant avec un air de supériorité bien comique chez cet horrible petit voyou.

« J'ai reçu votre télégramme, M'sieur, dit-il, et je les ai amenés au plus vite. J'ai déboursé trois schellings et six pence pour les billets.

— C'est bien, dit Holmes en tirant l'argent de sa poche. Mais, à l'avenir, Wiggins, les autres vous feront leur rapport et vous viendrez seul me communiquer ce que vous aurez appris. Je ne puis laisser envahir ma maison de cette manière.

Cependant pour aujourd'hui il vaut autant que vous entendiez tous mes instructions. Je tiens à savoir où se trouve une chaloupe à vapeur nommée l'*Aurora*, dont le patron s'appelle Mordecai Smith; cette chaloupe est peinte en noir avec deux raies rouges et sa cheminée est noire avec une bande blanche. Elle doit être amarrée quelque part dans la rivière, mais il faut que l'un des gamins se tienne à l'embarcadère de Mordecai Smith (en face de Millbank) pour voir si elle ne rentre pas. Partagez-vous la besogne et explorez soigneusement les deux rives. Enfin, dès que vous saurez quelque chose, faites-le-moi savoir. Tout cela est-il clair?

— Oui, patron, dit Wiggins.

— Je vous paierai au tarif habituel et celui qui découvrira le bateau touchera une guinée. Voici une journée d'avance, et maintenant décampez. »

Il leur donna à chacun un schelling et ils s'élancèrent aussitôt dans l'escalier et de là dans la rue.

« Si la chaloupe est bien dans la rivière, ils la découvriront, dit Holmes en se levant de table et en allumant sa pipe. Ils peuvent pénétrer partout, voir tout, être toujours aux écoutes, et cela sans attirer l'attention de personne. Je parie bien qu'avant ce soir ils l'auront dénichée. Jusque-là, nous n'avons qu'à attendre patiemment, puisque nous ne pouvons reprendre la piste qu'après avoir eu des nouvelles, soit de l'*Aurora*, soit de M. Mordecai Smith.

— Nous pourrions bien donner nos restes à Toby, dis-je en me levant. Est-ce que vous allez vous coucher, Holmes ?

— Non, je ne me sens pas las. Je suis vraiment bâti d'une drôle de façon. Je ne me rappelle pas avoir été jamais fatigué par un excès de travail, tandis que l'inaction m'éreinte. Je vais fumer une bonne pipe en réfléchissant à l'étrange affaire que m'a procurée ma jolie cliente. Du reste, impossible de trouver une tâche plus facile que la nôtre. Si un homme à jambe de bois ne se rencontre pas souvent, un être comme son complice ne se voit pour ainsi dire jamais dans nos régions.

— Encore ce complice !

— Je ne veux pas faire de mystère avec vous ; mais, du reste, vous devez déjà vous être formé une opinion. Cet individu a, d'après les empreintes laissées par lui, un pied très petit qui n'a jamais été emprisonné dans aucune chaussure ; il est donc d'une très grande agilité ; enfin il possédait un bâton armé d'une masse de pierre et des dards empoisonnés. Que concluez-vous de tout cela?

— C'est un sauvage! m'écriai-je, peut-être un des associés indiens de Jonathan Small.

— Pas tout à fait. Au premier abord, en voyant ces armes étranges, j'ai eu la même idée. Mais les empreintes des pieds étaient trop caractéristiques pour ne pas modifier mon opinion. Quelques-uns des habitants de la Péninsule indienne sont de petite taille, mais aucun ne possède de pareilles extrémités. Le mahométan qui porte la sandale a l'orteil écarté, parce qu'une courroie le sépare généralement des autres doigts. De plus, les dards empoisonnés n'ont pu être lancés qu'au moyen d'une sarbacane. Et maintenant, de quel pays est notre sauvage?

— De l'Amérique du Sud », hasardai-je.

Holmes étendit la main et prit sur une étagère un gros volume.

« Voici la première partie d'un dictionnaire géographique qu'on publie en ce moment, et qui fait autorité. Voyons, que lisons-nous ici? Archipel Andaman, situé à trois cent quarante milles au nord de Sumatra, dans le golfe du Bengale, etc., climat humide, bancs de corail, requins, bagne à Port Blair, île de Rutland, cotonniers,...

voyons, voyons. Ah! nous y voici. Les aborigènes des îles Andaman peuvent revendiquer le privilège d'être la plus petite race du globe, quoique certains savants l'accordent aux Bushmans d'Afrique, aux Indiens Diggers d'Amérique ou aux habitants de la Terre de Feu. Leur taille moyenne n'atteint pas 1 m. 25 et encore bien des adultes ayant fini de grandir n'arrivent pas jusque-là. Ces insulaires, d'un caractère sombre, insociable et cruel, sont cependant capables de témoigner l'amitié la plus dévouée à ceux qui ont su gagner leur confiance. — Notez bien tout cela, Watson. Je continue. — Ils sont généralement très laids, avec une grosse tête mal taillée, de petits yeux féroces et des membres tout contournés, possèdent des pieds et des mains remarquablement petits. Ils sont si intraitables et si farouches que tous les efforts des fonctionnaires anglais n'ont pu réussir à les mettre en confiance. Enfin ils ont toujours été la terreur des marins qui font naufrage sur leurs côtes, car ils assomment les survivants avec des massues de pierre ou les tuent à coups de flèches empoisonnées. Ces massacres se terminent invariablement par un festin d'anthropophages. — Quel charmant et aimable peuple, n'est-ce pas, Watson? Si l'individu que nous poursuivons avait été livré à lui-même, nous aurions sans doute trouvé bien d'autres atrocités commises; je suis sûr que Jonathan Small paierait maintenant bien cher pour n'avoir pas employé un pareil complice.

— Mais, comment a-t-il pu s'associer cet étrange compagnon ?

— Ah ! vous m'en demandez trop long. Toutefois, ne savons-nous pas que ce Small a séjourné aux îles Andaman ? Qu'y a-t-il donc d'extraordinaire à ce qu'il ait emmené un indigène de là-bas ? Mais, soyez tranquille, avec le temps tout sera tiré au clair. Seulement à cette heure, mon cher Watson, vous avez l'air parfaitement éreinté. Étendez-vous donc sur ce canapé, je vais tâcher de vous endormir. »

Il prit son violon et se mit à jouer en sourdine une sorte de rêverie douce et mélancolique, qu'il improvisait sans doute, car il était doué sous ce rapport d'une facilité remarquable. Je vois encore d'ici sa haute silhouette tandis qu'il faisait mouvoir son archet d'un air pénétré; puis je me sentis peu à peu bercé par ces flots d'harmonie, jusqu'à ce que j'eusse atteint le pays des songes où la gracieuse figure de Mary Morstan me faisait de loin signe de venir la rejoindre.

IX

En défaut.

Je ne me réveillai que fort tard dans l'après-midi ; mais je me sentis alors parfaitement reposé. Sherlock Holmes était tel que je l'avais laissé, si ce n'est qu'il avait déposé son violon pour se plonger dans une lecture qui semblait l'absorber tout entier. En m'entendant remuer, il se retourna vers moi, et je pus voir une profonde inquiétude peinte sur ses traits.

« Vous avez rudement dormi, dit-il. Je craignais que notre conversation ne vous éveillât.

— Je n'ai rien entendu, répondis-je, vous avez donc eu du nouveau ?

— Non, hélas ! et j'avoue que cela me désoriente tout à fait. Je comptais bien sur des renseignements sérieux à l'heure qu'il est. Wiggins vient de me faire son rapport. Nulle trace de la chaloupe. C'est on ne peut plus contrariant, car chaque minute de retard a son importance.

— Puis-je vous être utile? Je me sens maintenant parfaitement dispos et je suis tout prêt à passer une seconde nuit blanche.

— Non, il n'y a rien à faire, il n'y a qu'à attendre patiemment. Si nous sortons, les renseignements pourraient venir en notre absence, et ce serait autant de temps perdu. Pour vous, vous êtes libre, mais moi, je dois rester ici à monter la faction.

— Alors, je vais courir voir Mrs Cecil Forrester; elle me l'a demandé hier.

— Voir Mrs Cecil Forrester? demanda Holmes avec un clin d'œil malin.

— Eh bien! oui, elle et miss Morstan. Elles désirent vivement être tenues au courant des événements.

— A votre place, je ne leur en dirais pas trop long. Il faut toujours se méfier un peu des femmes, même des meilleures. »

Je ne m'abaissai pas jusqu'à discuter un pareil blasphème, mais : « Je serai de retour dans une heure ou deux, ajoutai-je.

— Parfait, bonne chance alors. Mais, dites donc, puisque vous traversez la rivière, vous pourriez bien rendre Toby à son maître, car je ne pense pas que nous ayons encore à nous en servir. »

Je pris donc le chien et le ramenai chez le vieux naturaliste de Pinchin Lane auquel je remis en même temps un demi-souverain. A Camberwell, je trouvai miss Morstan un peu fatiguée après toutes les aventures de la nuit, mais très anxieuse, ainsi que Mrs Forrester, de savoir les nouvelles. Je leur racontai tout ce que nous avions fait en supprimant cependant les détails les plus effrayants. Ainsi, à propos de l'assassinat de Mr Sholto, je ne dis rien des circonstances qui l'avaient accompagné et de la manière dont il avait été accompli. Malgré toutes ces précautions, les pauvres femmes n'en furent pas moins très émues de ce que je leur apprenais.

« C'est un véritable roman! s'écria Mrs Forrester. Une pauvre femme dépouillée de ce qui lui revint, un trésor de douze millions, un nègre anthropophage, un brigand avec une jambe de bois, cela remplace le dragon ou le traître traditionnel.

— N'oublions pas les deux chevaliers sauveurs, ajouta miss Morstan, en me jetant un doux regard.

— Mais, Mary, toute votre fortune dépend de la tournure que prendront les événements. Je ne comprends pas que vous restiez aussi indifférente? Pensez donc combien cela doit être agréable d'être aussi riche et de voir le monde entier à ses pieds. »

J'éprouvai un frémissement joyeux en voyant combien miss Morstan restait calme devant une pareille perspective. Et même elle secoua la tête d'un mouvement hautain comme pour dire que tout cela ne la touchait que peu.

« C'est le sort de Mr Thaddeus Sholto qui m'inquiète, dit-elle; il s'est conduit avec tant de bonté et de loyauté que, pour moi, c'est la seule chose importante dans tout ceci; il faut absolument réduire à néant l'accusation terrible et si peu fondée qui pèse sur lui. »

Il était déjà tard lorsque je quittai Camberwell et je ne rentrai chez moi qu'à la nuit tombante. Dans le salon, je trouvai le livre de mon compagnon et sa pipe posés sur une chaise; mais lui n'y était plus. Je cherchai dans toute la pièce, s'il n'avait pas laissé un mot à mon adresse, sans rien trouver.

« Je pense que Mr Sherlock Holmes est sorti, dis-je à Mrs Hudson, lorsqu'elle vint fermer les volets.

— Non, monsieur. Il est rentré dans sa chambre. Savez-vous bien, me dit-elle tout bas, que j'ai des inquiétudes sur sa santé.

— Pourquoi donc, mistress Hudson?

— Mais, il est si étrange. Après votre départ il s'est mis à marcher de long en large, à marcher, si bien que j'étais excédée de l'entendre. Puis il parlait tout haut. Chaque fois que la sonnette tintait, il se précipitait sur le palier de l'escalier en me criant : « Qu'est-ce que c'est, mis-« tress Hudson? » Et maintenant qu'il s'est enfermé, je l'entends encore se promener comme avant. J'espère qu'il ne va pas tomber malade, monsieur. J'ai essayé de lui conseiller une potion calmante, mais il s'est retourné vers moi et m'a lancé un tel regard que je ne sais vraiment pas comment j'ai trouvé mon chemin pour sortir de la chambre.

— Inutile de vous inquiéter ainsi, mistress Hudson, dis-je. Je l'ai déjà vu comme cela, mais en ce moment il a une affaire qui le préoccupe un peu. »

Je feignais l'indifférence pour répondre à notre excellente propriétaire, mais, en entendant pendant toute cette longue nuit résonner le bruit des pas de mon ami, je me sentais moi-même mal à l'aise, car je savais combien son esprit investigateur devait s'irriter de l'inaction à laquelle il se voyait condamné.

A l'heure du déjeuner, je le vis apparaître, l'air fatigué, l'œil incertain, les joues colorées d'une rougeur fébrile.

« Vous vous surmenez vraiment trop, mon ami, lui dis-je. Je vous ai entendu vous promener toute la nuit.

— Oui, il m'était impossible de dormir. Cet infernal problème me tourmente trop. Quelle guigne d'être arrêté par un si mince obstacle, quand tout le reste marche si bien ! Quoi, j'ai découvert les hommes, la chaloupe, tout, en un mot, et je ne puis plus en avoir aucune nouvelle. J'ai pris encore d'autres agents, j'ai employé tous les moyens, la rivière a été explorée sur chacune de ses rives, et rien, toujours rien. Mrs Smith elle-même n'a pas entendu parler de son mari. J'en suis amené à me demander s'ils n'ont pas coulé bas l'embarcation. Mais cependant c'est trop improbable.

— Et si Mrs Smith nous avait lancés sur une fausse piste ?

— Non, je ne le crois pas. D'après l'enquête à laquelle je me suis livré, il existe bien une chaloupe répondant au signalement donné; seulement n'aurait-elle pas pu remonter la rivière? J'ai envisagé cette éventualité et j'ai des hommes qui vont pousser leurs recherches jusqu'à Richmond. S'il n'y a rien de nouveau aujourd'hui, je me mettrai moi-même en campagne demain et alors je m'attacherai plutôt à retrouver les hommes que l'embarcation. Mais, sûrement, sûrement, nous devons apprendre quelque chose auparavant. »

Cependant ni Wiggins, ni les autres agents employés ne donnèrent signe de vie. La plupart des journaux parlèrent du drame de Norwood et tous chargeaient le malheureux Thaddeus Sholto. La seule chose qu'ils nous apprirent fut que la justice devait instrumenter le lendemain. Dans la soirée, je poussai jusqu'à Camberwell, pour raconter nos malheurs à ces dames, et, à mon retour, je trouvai Holmes très abattu et très sombre. Il répondit à peine à mes questions, mais s'absorba dans une analyse chimique des plus compliquées, chauffant ses cornues et produisant des vapeurs dont l'horrible odeur me chassa net de l'appartement. Jusqu'aux heures les plus avancées de la nuit, j'entendis tinter les éprouvettes et je sus ainsi qu'il s'occupait toujours à son expérience si peu odoriférante.

Il faisait à peine jour, lorsque je me réveillai en sursaut, et, à ma grande surprise, je vis Holmes debout au pied de mon lit. Il était vêtu d'un grossier costume de marin, surcot et écharpe rouge autour du cou.

« Je m'en vais parcourir la rivière, Watson, me dit-il. J'ai bien réfléchi à tout ceci, et je ne vois plus qu'une manière d'expliquer les choses. Il faut en tout cas m'assurer de ce que vaut mon hypothèse.

— Je puis vous accompagner, n'est-ce pas ?

— Non, vous me serez bien plus utile en restant ici et en me servant de représentant. Je regrette de m'éloigner, car, selon toute probabilité, j'aurai quelque renseignement dans la journée, quoique Wiggins ait été fort peu encourageant hier au soir. Décachetez donc toutes les lettres ou télégrammes qui arriveraient à mon adresse, et si vous apprenez du nouveau, agissez d'après votre propre inspiration. Puis-je compter sur vous ?

— Certainement.

— Je crains qu'il ne vous soit difficile de me télégraphier, car je ne sais pas moi-même où je me trouverai. Toutefois, si j'ai un peu de veine, je ne dois pas rester absent très longtemps et mon excursion ne sera pas infructueuse. »

A l'heure du déjeuner, je n'avais pas eu de ses nouvelles; en ouvrant le *Standard*, j'y vis un nouvel article relatif à notre affaire. « Le drame d'Upper Norwood, disait-on, semble encore plus mystérieux qu'on ne pouvait le supposer au premier abord. De nouvelles preuves permettent d'affirmer que M. Thaddeus Sholto n'a pu en aucune façon tremper dans le crime. Aussi a-t-il été remis en liberté hier en même temps que Mrs Bernstone, la femme de charge. Il est probable cependant que la police suit une nouvelle piste, et comme c'est Mr Athelney Jones, de Scotland Yard, qui dirige les recherches, on peut se fier à son activité et à sa sagacité bien connues. On s'attend d'un moment à l'autre à de nouvelles arrestations. »

« Allons, tout cela n'est pas trop mauvais, pensai-je. En tout cas voici l'ami Sholto hors de cause. Je me demande ce que peut être cette nouvelle piste, à moins que ce ne soit là un cliché stéréotypé qu'on sort toutes les fois que la police a commis quelque gaffe. »

En jetant le journal sur la table, j'aperçus aux faits divers l'annonce suivante :

« Bonne récompense : tous ceux qui pourront donner des renseignements sur le nommé Mordecai Smith, patron marinier, et sur son fils Jim, qui tous les deux, vers trois heures du matin, mardi dernier, ont quitté le ponton de Smith à bord de la chaloupe à vapeur l'*Aurora* (cette chaloupe est noire avec deux raies rouges et sa cheminée est également noire avec une bande blanche), recevront la somme de cent vingt-cinq francs. S'adresser soit à Mrs Smith, à l'appontement Smith, soit 22 *bis*, Baxer Street, pour toute information concernant le susdit Mordecai Smith ou la chaloupe l'*Aurora*. »

Cette annonce ne pouvait avoir été insérée que par Holmes, l'adresse de Baxer Street en était la preuve. Je trouvai l'idée heureuse, car si cet avis tombait sous les yeux des criminels en fuite, ils ne pouvaient y voir que l'inquiétude bien naturelle d'une femme dont le mari a disparu.

La journée se traîna lentement. Chaque fois que retentissait le marteau de la porte, ou qu'un pas pressé se faisait entendre dans la rue, je m'imaginais que c'était, soit Holmes qui revenait, soit quelqu'un apportant les renseignements demandés dans le journal. J'essayai bien de lire, mais mes pensées s'envolaient vers notre singulière enquête et vers la paire de coquins si étrangement assortis auxquels nous donnions la chasse. Je me demandais si le raisonnement de mon compagnon ne contenait pas quelque lacune énorme et s'il ne se préparait pas une immense déception. Son esprit si vif et si chercheur n'avait-il pas par hasard échafaudé toute son ingénieuse théorie sur des bases complètement erronées? Je ne l'avais, il est vrai, jamais vu se tromper; mais qui peut se vanter d'être infaillible? Les subtilités dans lesquelles se complaisait toujours sa logique, sa préférence à admettre les explications les plus compliquées et les plus bizarres devaient, il me semblait, l'amener facilement à commettre une erreur. Cependant, d'autre part, j'avais moi-même apprécié les preuves qu'il m'avait fournies et approuvé toutes ses déductions. En me remémorant l'enchaînement des faits, en voyant combien les détails les plus insignifiants en apparence concouraient à renforcer sa thèse, j'étais forcé d'avouer que si celle d'Holmes était fausse, la véritable devait, en tout cas, être tout aussi étrange, tout aussi extraordinaire.

A trois heures de l'après-midi, j'entendis un

violent coup de sonnette, puis dans le vestibule quelqu'un qui s'exprimait sur un ton d'autorité, et on introduisit dans le salon un visiteur qui, à ma grande surprise, se trouva n'être autre que Mr Athelney Jones. Ce n'était plus cependant le maître aux allures brusques et doctrinaires qui s'érigeait en professeur de bon sens au moment où il s'embarquait avec tant d'assurance dans l'affaire d'Upper Norwood. Il semblait maintenant abattu et son attitude était humble et presque repentante.

« Bonjour, monsieur, bonjour, dit-il. M. Sherlock Holmes est sorti, m'a-t-on dit.

— Oui, et je ne puis savoir quand il rentrera. Mais si vous désirez l'attendre, prenez donc cette chaise et veuillez accepter un cigare.

— Avec plaisir, dit-il en passant sur sa figure un grand foulard rouge.

— Un peu de whiskey et de soda?

— Mon Dieu, la moitié d'un verre. Il fait très chaud pour la saison et j'ai bien des occupations et bien des soucis. Vous savez quelles étaient mes idées sur cette affaire de Norwood?

— Vous nous les aviez exprimées.

— Eh bien ! j'ai été obligé d'en rabattre. J'avais tendu mon filet tout autour de M. Sholto et je comptais l'enserrer dans ses mailles, quand il s'est échappé par un trou qui se trouvait au beau milieu : il nous a fourni un alibi indiscutable. Depuis le moment où il est sorti de la chambre de son frère, il s'est toujours trouvé en présence de quelqu'un. Ce n'est donc pas lui qui a pu escalader le toit et pénétrer dans la maison par la trappe. Voilà une affaire bien obscure et qui met mon honneur professionnel en jeu ; un peu d'aide me ferait plaisir.

— Nous avons tous besoin d'aide de temps à autre, dis-je.

— Votre ami, M. Sherlock Holmes, est un homme très extraordinaire, monsieur, me dit-il brusquement sur un ton confidentiel. Personne n'arrive à sa hauteur. J'ai déjà vu ce jeune homme aux prises avec bien des affaires et il n'en est pas une seule qu'il ne soit arrivé à tirer au clair. Il manque tout à fait de méthode et est un peu prompt à se formuler une théorie, mais, en résumé, je crois qu'il aurait fait le détective le plus accompli, et je suis prêt à en convenir devant n'importe qui. Il m'a envoyé ce matin un télégramme qui me fait présumer qu'il a recueilli des indices importants au sujet de cette affaire Sholto. Du reste, voici sa dépêche. »

Il la tira de sa poche et me la tendit.

Elle était datée de Poplar à midi. En voici le texte : « Allez immédiatement à Baxer Street. Si je ne suis pas rentré, attendez-moi. Je suis de près les assassins de Sholto. Vous n'aurez qu'à nous accompagner cette nuit, si vous désirez assister à l'hallali. »

« Voilà qui prend bonne tournure, dis-je. Il a évidemment retrouvé la piste.

— Ah! ah! il a donc été aussi en défaut? s'écria Jones avec une satisfaction évidente. Voyez-vous, les plus malins d'entre nous se trouvent parfois tout désorientés. Après tout, c'est peut-être un faux espoir qu'il nous donne là. Mais il est de mon devoir, comme représentant de la force publique, de ne rien négliger. Ah! j'entends quelqu'un; peut-être est-ce lui. »

Un pas lourd montait l'escalier en même temps que le bruit d'une respiration sifflante et oppressée arrivait jusqu'à nous.

L'individu qui accomplissait cette ascension, trop pénible pour ses forces, fut obligé de s'arrêter une fois ou deux en route, mais à la fin il atteignit le palier et entra dans le salon. Son extérieur répondait bien à l'idée que nous avions pu nous en faire déjà. C'était un individu âgé, habillé, comme un marin, d'un vieux surcot boutonné jusqu'au cou. Son dos était voûté, ses genoux tremblotaient et sa respiration était celle d'un homme fortement asthmatique. Il s'appuyait sur un gros bâton de chêne et ses épaules se soulevaient sous l'effort qu'il faisait pour introduire un peu d'air dans ses poumons. Un mouchoir de couleur entourait son cou, cachait le bas de sa figure, et on ne voyait guère de lui qu'une paire d'yeux noirs et brillants, ombragés par d'épais sourcils tout blancs, et ses longs favoris grisonnants qui encadraient sa figure. En somme il me fit l'effet d'un respectable maître marinier que la vieillesse aurait fait tomber dans la misère.

« Que voulez-vous, mon brave? » demandai-je.

Il regarda tout autour de lui de cette manière lente et méthodique particulière aux vieillards.

« Monsieur Sherlock Holmes est-il ici? dit-il.

— Non, mais je le remplace. Quelque communication que vous ayez à lui transmettre, vous pouvez me la faire.

— C'est à lui-même que je désire parler, dit-il.

— Mais je vous répète que je suis son représentant. Est-ce à propos du bateau de Mordecai Smith?

— Oui, je sais bien où se trouve le bateau,

comme je sais où sont les hommes que poursuit M. Holmes et aussi le trésor; tout, je sais tout.

— Ah, dites-le-moi vite alors, et je le lui répéterai.

— C'est à lui-même que je veux parler, répéta-t-il avec l'obstination d'un vieillard.

— Eh bien, il faut que vous l'attendiez.

— Non, non, je ne vais pas m'amuser à perdre toute une journée pour le bon plaisir du premier venu. Puisque M. Holmes n'est pas là, tant pis pour M. Holmes. Qu'il se débrouille tout seul. D'ailleurs vos figures ne me reviennent pas, et je ne veux rien vous dire. »

Il se glissa du côté de la porte, mais pas assez vite pour qu'Athelney Jones n'eût eu le temps de lui barrer le chemin.

« Halte-là! camarade, dit-il. Vous avez un renseignement important à nous donner et vous n'allez pas vous esquiver ainsi. Nous vous garderons, que vous le veuilliez ou non, jusqu'au retour de notre ami. »

Le vieux continua sa marche vers la sortie, mais, en voyant Athelney Jones appuyer son large dos contre la porte, il comprit l'inutilité de toute tentative.

« Voilà une drôle de manière de traiter les

gens, cria-t-il en frappant par terre avec son gourdin. Je viens ici pour causer avec un monsieur, et vous autres, que je n'ai jamais vus de ma vie, vous me traitez comme si j'étais un prisonnier.

— Ne craignez rien, dis-je. Nous vous indemniserons pour le temps que nous vous ferons perdre. Asseyez-vous là sur ce canapé, vous n'aurez pas trop longtemps à attendre. »

Il traversa la pièce d'assez mauvaise grâce et s'assit la tête dans les mains. Jones et moi nous reprîmes notre conversation en continuant à fumer. Tout à coup la voix de Holmes se fit entendre :

« Il me semble que vous pourriez tout au moins m'offrir un cigare », disait-il.

Nous bondîmes tous les deux. Devant nous Holmes, assis tranquillement, nous regardait en ayant l'air de s'amuser beaucoup.

« Holmes ! m'écriai-je. Vous ici ! Mais qu'est devenu le vieux ?

— Le voici, dit-il, en nous montrant une touffe de cheveux blancs. Le voici tout entier, avec sa perruque, ses favoris, ses sourcils, etc. Je pensais bien que mon déguisement était assez réussi, mais je n'espérais pas qu'il pût résister à pareille épreuve.

— Ah! farceur, s'écria Jones, riant aux éclats. Quel acteur vous auriez fait! Vous aviez même cette façon de toussoter particulière aux pauvres, et le tremblotement de vos jambes se paierait deux cents francs par semaine. Cependant j'ai bien cru un instant reconnaître l'éclat de vos yeux. Mais vous voyez que vous ne nous auriez pas échappé facilement.

— J'ai travaillé toute la journée sous ce déguisement, dit Holmes en allumant son cigare. Trop de gens dans le monde du crime me connaissent maintenant, surtout depuis que notre ami ici présent s'est mis à publier quelques-unes des affaires où j'ai été mêlé; aussi ne puis-je guère me mettre en chasse sans me déguiser un peu. Vous avez reçu ma dépêche?

— Oui, et c'est ce qui m'a fait venir ici.

— Et que devient votre enquête?

— Elle s'est terminée en queue de poisson. J'ai dû relâcher deux de mes prisonniers, et il n'existe aucune preuve contre ceux qui restent sous clef.

— Peu importe. Je vous donnerai deux autres individus à coffrer à leur place. Mais il faut que vous promettiez de m'obéir complètement. Officiellement vous recueillerez tout l'honneur de notre expédition, seulement vous devrez suivre mes instructions à la lettre. Est-ce bien convenu ?

— Parfaitement, pourvu que vous m'aidiez à m'emparer des criminels.

— Bon, en premier lieu, j'ai besoin qu'un bateau de la police, une chaloupe à vapeur très bonne marcheuse, se trouve à l'escalier de Westminster avant sept heures.

— Ce sera facile. Il y en a toujours dans ces parages, et, en tout cas, je peux traverser la rue et téléphoner pour m'en assurer.

— Puis il me faudra deux hommes solides en cas de bataille.

— Nous en aurons deux ou trois dans le bateau. Est-ce tout ?

— Lorsque nous tiendrons nos individus, le trésor sera à nous. — Or, je crois que mon ami serait très heureux de porter lui-même le coffret à la jeune personne à laquelle la moitié de toutes ces richesses revient de droit. Je voudrais donc qu'elle fût la première à l'ouvrir. Qu'en pensez-vous, Watson ?

— Cela me ferait, en effet, un très grand plaisir.

— Le procédé n'est guère régulier, dit Jones en secouant la tête. Mais tout est si irrégulier dans cette affaire !... Je crois donc que je puis fermer les yeux là-dessus. Cependant, il faut que le trésor soit ensuite remis entre les mains des autorités, et il y devra rester jusqu'à la fin de toute la procédure.

— Certainement, rien de plus facile. Autre chose. Je désirerais vivement avoir quelques renseignements de la bouche même de Jonathan Small. Car, vous savez combien j'aime à pénétrer les moindres détails des affaires dont je m'occupe. Voyez-vous donc quelque inconvénient à ce que, en dehors de tout interrogatoire officiel, j'aie, soit chez moi, soit ailleurs, une conversation avec le prisonnier, celui-ci restant toujours sous bonne garde ?

— Mon Dieu, vous êtes le maître de la situation. D'ailleurs rien ne me prouve encore l'existence de ce Jonathan Small. Cependant, si vous lui mettez la main au collet, je ne vois pas pourquoi je vous refuserais l'entrevue que vous me demandez.

— Tout est bien entendu, alors ?

— Parfaitement. Désirez-vous encore autre chose ?

— Seulement vous voir partager notre dîner, si vous le voulez bien. Il sera servi dans une demi-heure. Nous aurons des huîtres, une paire de grouses, et certains vins blancs dont vous me direz des nouvelles. Voyez-vous, Watson, vous n'avez jamais suffisamment reconnu mes mérites comme maîtresse de maison. »

X

Comment périt l'insulaire Andaman.

Le dîner fut très gai. Holmes, lorsqu'il le voulait, était un causeur charmant, et ce soir-là il le voulut bien. Il semblait sous l'influence d'une sorte d'excitation nerveuse et je ne l'avais jamais vu aussi brillant, passant rapidement d'un sujet à un autre — des représentations des miracles au moyen âge à la fabrication de la poterie à la même époque, des violons de Stradivarius au culte de Boudha dans l'île de Ceylan, ou aux cuirassés de l'avenir, — et émettant sur chaque chose des théories spéciales qui témoignaient des études particulières qu'il avait faites. Cette belle humeur provenait de la réaction qui s'opérait en lui après l'abattement si complet des jours précédents. Athelney Jones, de son côté, prouva qu'en dehors de ses fonctions il savait être un agréable compagnon et savoura le dîner tout à fait en « bon vivant ». Quant à moi, je me sentais profondément heureux en pensant que nous touchions au but et la gaieté de Holmes rejaillissait sur moi. Cependant, pendant le repas, personne ne fit allusion aux événements qui nous réunissaient d'une façon aussi imprévue.

Lorsque le couvert fut enlevé, Holmes regarda sa montre et remplit trois verres de porto.

« Une dernière rasade, dit-il, au succès de notre petite expédition. Et maintenant il est grand temps de partir. Avez-vous un revolver, Watson ?

— J'ai chez moi mon vieux revolver d'ordonnance.

— Vous feriez bien de le prendre, alors, car il faut tout prévoir. J'avais commandé un fiacre pour six heures et demie ; il nous attend. »

Il était sept heures passées lorsque nous atteignîmes l'embarcadère de Westminster, où se trouvait déjà la chaloupe que nous avions demandée. Holmes l'examina en connaisseur.

« Y a-t-il quelque signe qui dénote que ce bateau appartient à la police ?

— Oui, cette lanterne verte sur le bordage.
— Enlevez-la, alors. »

Cette précaution prise, nous nous embarquâmes, pour démarrer aussitôt. Jones, Holmes et moi, nous étions assis à l'arrière ; un homme se trouvait au gouvernail, un autre surveillait la machine, et deux solides agents se tenaient à l'avant.

« Où allons-nous ? demanda Jones.

— A la Tour ; dites-leur de stopper en face des chantiers de Jacobson. »

Notre embarcation marchait on ne peut mieux. Nous filions comme des flèches, laissant derrière nous les nombreuses gabares qui, ralenties par les lourdes charges qu'elles portaient, paraissaient rester immobiles. Holmes eut un sourire satisfait en nous voyant dépasser facilement un des vapeurs faisant le service sur la rivière.

« Je crois que nous pourrions battre à la course tous les bateaux de la Tamise, dit-il.

— Tous, répondis-je, c'est beaucoup dire, mais il n'y en a certainement guère qui puissent lutter avec nous.

— C'est que nous allons avoir à donner la chasse à l'*Aurora*, et elle a la réputation d'être un clipper de premier ordre. Mais il faut maintenant que je vous dise où en sont nos affaires, Watson. Vous vous souvenez combien j'étais agacé de me voir arrêté par un contretemps stupide?...

— Parfaitement.

— Eh bien, j'ai donné à mon esprit le repos qui lui était nécessaire en me plongeant dans une analyse chimique. Un de nos grands hommes d'État n'a-t-il pas dit que la meilleure façon de se reposer était de changer la nature de ses occupations? C'est parfaitement exact. Aussi, lorsque j'eus réussi à liquéfier mon hydrocarbure, je revins au problème des Sholto et j'y réfléchis à nouveau. Nos gamins avaient parcouru toute la rivière sans résultat. La chaloupe n'était amarrée à aucun embarcadère, à aucun ponton, et cependant elle n'était pas de retour. Je ne pouvais croire qu'ils l'eussent coulée pour mieux dissimuler leurs traces, quoique je gardasse cette hypothèse en réserve pour le cas où toutes les autres viendraient à me faire faillite. Je savais en effet que ce Small était doué d'une espèce de malice grossière, mais je ne le croyais pas capable d'une ruse pareille; il aurait fallu pour cela qu'il fût d'un niveau intellectuel plus relevé. Mais, pensai-je, nous savons qu'il était à Londres depuis longtemps déjà, puisqu'il exerçait sur Pondichery Lodge une surveillance incessante ; il ne pouvait donc, selon toute probabilité, partir brusquement sans mettre ordre à ses affaires, ce qui a toujours bien dû lui demander au moins une journée.

— Je ne trouve pas votre raisonnement très juste, interrompis-je. N'est-il pas bien plus probable qu'il avait arrangé toutes ses affaires avant de s'embarquer dans son expédition ?

— Non, je ne le pense pas. Il devait s'être ménagé une retraite assurée en cas de besoin et évidemment il ne l'abandonnerait que quand il serait certain que tout danger était écarté. Mais une autre considération me frappa. Jonathan Small s'était certainement rendu compte combien l'extérieur étrange de son compagnon, de quelque façon qu'il l'eût déguisé, avait dû éveiller l'attention autour de lui. Il était bien assez fin pour voir que, si la présence de ce phénomène était signalée à Norwood, elle mettrait évidemment sur leurs traces. Aussi, ayant quitté le repaire qu'il s'était choisi à la faveur de la nuit, c'est aussi pendant qu'il ferait encore nuit qu'il voulait y rentrer. Or, d'après le témoignage de Mrs Smith, il était trois heures passées quand ils vinrent héler le bateau.

Une heure plus tard environ, le jour allait se lever et les passants commenceraient à circuler. J'en conclus qu'ils n'avaient pas dû aller bien loin. Ils auront payé largement le silence de Smith et auront gardé sa chaloupe pour le moment où ils pourraient fuir définitivement. Puis ils sont rentrés chez eux aussitôt que possible, emportant le trésor, et comptant, un jour ou deux plus tard, après avoir vu ce que diraient les journaux et s'être assurés qu'on ne les soupçonnait pas, comptant, dis-je, profiter de la nuit pour rejoindre, soit à Gravesend, soit dans l'estuaire de la Tamise, quelque navire sur lequel ils avaient déjà retenu leur passage pour l'Amérique ou bien les colonies.

— Mais, le bateau de Smith, ils n'ont pas pu l'emporter chez eux comme le trésor?

— Très juste. Aussi j'étais convaincu que, quoique introuvable, cette chaloupe ne devait pas être bien loin. Je me mis alors à la place de Small, et je me demandai quel raisonnement un homme comme lui avait bien pu tenir. Sans doute il avait pensé qu'en renvoyant le bateau chez son propriétaire, ou en l'amarrant à un embarcadère, il donnait trop beau jeu à la police dans le cas où elle serait sur ses traces. Il lui fallait donc le cacher et en même temps l'avoir sous la main. Comment cela? qu'aurais-je fait si j'avais été dans sa peau? Une seule solution s'offrit à mon esprit. J'aurais confié la chaloupe à quelque constructeur de bateaux sous prétexte d'un léger changement à y faire. Je l'aurais ainsi amenée dans un chantier où elle aurait été parfaitement dissimulée et d'où cependant j'aurais pu en quelques heures, si besoin était, l'avoir de nouveau à ma disposition.

— C'est très simple, en effet.

— Ce sont précisément les choses les plus simples qu'on est exposé à négliger. Quoi qu'il en soit, je résolus de partir de cette donnée. Je me mis aussitôt en campagne, déguisé en marin, et je commençai à parcourir tous les chantiers de la rivière. J'en fis quinze sans aucun résultat; mais au seizième, à celui de Jacobson, j'appris que l'*Aurora* lui avait été confiée deux jours auparavant par un homme avec une jambe de bois qui l'avait chargé de changer quelque chose au gouvernail. « Et il n'y a rien à faire à ce gouvernail, « me dit le contremaître. Tenez, la voilà là-bas, « avec ses deux raies rouges. » Au même moment, qui vis-je arriver? Mordecai Smith lui-même, l'introuvable Mordecai. Je n'aurais évidemment pas su que c'était lui; mais il était fortement sous l'influence de l'alcool et il se mit à hurler son nom ainsi que celui de son bateau. « Il me le faut « pour ce soir à huit heures, criait-il, à huit heures « précises, vous entendez : car j'ai affaire à deux « particuliers qui n'aiment pas à attendre. » On l'avait évidemment largement payé, et il paraissait avoir de l'argent plein les poches, distribuant des schellings à tous les ouvriers autour de lui. Je le suivis à quelque distance, jusqu'à ce que je le vis entrer dans une brasserie ; je revins alors au chantier et ayant rencontré en chemin un de mes gamins, je le plaçai en sentinelle près de la chaloupe, en lui donnant consigne de rester au bord de la rivière et d'agiter son mouchoir dès que l'*Aurora* se mettrait en route. Pour nous, nous allons nous maintenir au milieu du fleuve et ce serait bien du malheur si nous n'empoignions pas les assassins, le trésor et le reste.

— Tout cela est fort bien combiné, dit Jones, que ces gens-là soient les vrais coupables ou non ; mais si j'avais eu à diriger l'affaire, j'aurais placé mes hommes dans le chantier de Jacobson et j'aurais empoigné mes individus dès qu'ils auraient reparu.

— Et ils n'auraient jamais reparu, reprit Holmes. Ce Small est trop malin, il enverra certainement quelqu'un en éclaireur, et au moindre soupçon il se terrerait de nouveau pour une semaine au moins.

— Mais vous auriez pu filer Mordecai Smith et dénicher ainsi leur repaire, dis-je.

— Oh! j'aurais bien perdu mon temps. Il y a cent à parier contre un que Smith ne sait pas où ils perchent. Tant qu'il aura de quoi boire et qu'il sera bien payé, que lui importe le reste! Les autres doivent se contenter de lui envoyer leurs instructions. Non, non, j'ai bien tout pesé et le parti que j'ai pris est le meilleur. »

Pendant que cette conversation avait lieu, nous avions passé successivement sous les nombreux ponts jetés sur la Tamise. Lorsque nous arrivâmes à hauteur de la Cité, les derniers rayons du soleil faisaient étinceler la croix qui domine Saint-Paul et, avant d'atteindre la Tour, l'obscurité était déjà profonde.

« Voici le chantier de Jacobson, dit Holmes, en nous montrant une forêt de mâts et de cordages sur la rive de Surrey. Croisons lentement de long en large à l'abri de ces bateaux pleins de sable. » Il tira une lorgnette de sa poche et examina le rivage. « Ma sentinelle est à son poste, dit-il, mais elle n'agite pas son mouchoir.

— Si nous descendions un peu le fleuve et que nous stoppions là pour les attendre ? » dit Jones avec animation.

Nous étions tous très excités, jusqu'aux agents et aux bateliers qui n'avaient cependant qu'une vague idée du but de notre expédition.

« Nous n'avons le droit de rien préjuger, répondit Holmes. Il y a dix chances contre une pour qu'ils descendent la rivière, mais nous n'en sommes pas certains. D'ici nous pouvons surveiller l'entrée du chantier tout en étant assez bien dissimulés. La nuit sera plutôt claire, il faut donc rester où nous sommes. Regardez-moi tous ces gens qui grouillent là-bas, à la lueur des becs de gaz. Ils viennent de terminer leur travail dans le chantier. Quelque misérables qu'ils soient, chacun d'eux renferme en lui une parcelle de l'éternelle flamme. Qui le dirait en les voyant ? Comme cela paraît improbable ! Ah ! l'homme est vraiment une énigme bien singulière !

— Quelqu'un l'a défini : une âme renfermée dans l'enveloppe d'un animal, suggérai-je.

— Winwood Read a dit d'excellentes choses à ce sujet, reprit Holmes. Il nous explique que si l'homme, pris individuellement, demeure un problème insoluble, une réunion d'hommes, au contraire, nous offre des données d'une certitude mathématique. Ainsi, par exemple, vous ne pouvez savoir d'avance comment dans un cas donné se comportera un homme isolé, tandis que vous pouvez préciser d'une façon certaine comment agira un groupe d'hommes dans les mêmes circonstances. La statistique le prouve ; les individus varient, les moyennes restent invariables. Mais il me semble apercevoir un mouchoir. Certainement on agite quelque chose de blanc là-bas.

— C'est votre gamin, m'écriai-je. Je le vois distinctement.

— Et voici l'*Aurora*, s'exclama Holmes. Elle file comme le vent. Chauffez, mécanicien, chauffez à toute vapeur et rattrapons cette chaloupe, qui porte un fanal jaune. Si jamais elle venait à nous échapper, par l'enfer, je ne me le pardonnerais jamais. »

L'*Aurora* avait glissé inaperçue dans la rivière et s'était faufilée derrière deux ou trois petites embarcations de façon qu'elle avait déjà presque atteint sa vitesse entière au moment où nous la vîmes. Elle semblait voler en descendant le courant et longeait la rive en marchant d'un train insensé. Jones l'examina attentivement et secoua la tête :

« Elle file joliment bien, dit-il. Je ne sais si nous pourrons l'atteindre.

— Il le faut, s'écria Holmes en grinçant des dents, il le faut. A toute vapeur, chauffeurs. Donnez tout ce que vous pourrez, dussions-nous brûler le bateau, il faut que nous les rattrapions. »

La chasse était commencée. Les chaudières de l'*Aurora* ronflaient bruyamment et ses puissantes machines sifflaient et résonnaient comme pour donner passage à la respiration du géant de métal. Sa proue effilée coupait les eaux calmes de la rivière et les rejetait en deux grosses vagues à droite et à gauche. Pour nous, nous bondissions derrière elle, fortement secoués par chaque effort que faisait notre embarcation. Un puissant fanal fixé à l'avant projetait sa lumière jaunâtre devant nous ; une large tache sombre nous indiquait l'*Aurora*, tandis que les tourbillons d'écume laissés par elle dans son sillage témoignaient de la vitesse à laquelle elle marchait. Notre bateau, lancé comme une flèche, dépassait successivement les barques, les vapeurs, les navires marchands, se glissant derrière les uns, contournant les autres… Des voix nous hélaient dans l'obscurité, mais l'*Aurora* filait toujours et nous ne quittions pas sa trace.

« Du charbon! du charbon! » cria Holmes en jetant un regard dans la chambre des machines, tandis que la lueur du foyer se reflétant sur sa figure anxieuse accusait le relief de ses traits énergiques. « Faites éclater la chaudière, s'il le faut.

— Je crois que nous gagnons un peu sur elle, dit Jones, l'œil rivé sur l'*Aurora*.

— Et moi, j'en suis sûr, criai-je. Nous allons la rejoindre dans quelques minutes. »

Au même moment, la malchance voulut qu'un remorqueur avec trois barques derrière lui se mît à traverser la rivière devant nous. Il fallut mettre toute la barre de côté pour éviter une collision et, avant que nous eussions pu reprendre notre route, l'*Aurora* avait bien gagné deux cents mètres. Nous ne l'avions cependant pas perdue de vue. Au crépuscule sombre et incertain avait succédé une nuit claire et étoilée. Nos chaudières donnaient tout ce qu'elles pouvaient et leur mince enveloppe vibrait et craquait comme si elles avaient participé à notre excitation. Nous avions dépassé le bassin de radoub, les docks de la Compagnie des Indes, les quais interminables de Deptfort et nous avions même doublé l'île des Chiens. La tache sombre qui fuyait devant nous revêtait maintenant des contours mieux définis et nous pouvions distinguer nettement la silhouette élégante de l'*Aurora*. Jones ayant dirigé sur elle la lumière du fanal, nous pûmes voir les personnages qui occupaient le pont. Un homme était assis à l'arrière et se penchait sur un objet noir placé entre ses jambes. A côté de lui gisait une masse sombre qu'on aurait pu prendre pour un chien de Terre-Neuve. Un gamin tenait la barre, tandis que les reflets rougeâtres du foyer me permettaient d'apercevoir le vieux Smith, nu jusqu'à la ceinture et entassant charbon sur charbon, pour triompher enfin dans cette course où des vies humaines se trouvaient être l'enjeu. Au début, les passagers de l'*Aurora* avaient pu se demander si vraiment nous étions lancés à leur poursuite ; maintenant ils n'en pouvaient plus douter, tant nous suivions exactement leurs tours et leurs détours. A Greenwich, trois cents mètres nous séparaient d'eux. A Blackwell, il n'y en avait plus que deux cent cinquante. J'ai forcé bien des animaux et dans bien des pays divers au cours de mon aventureuse carrière, mais jamais sport ne m'a fait éprouver d'aussi violentes palpitations que cette chasse insensée à l'homme se déroulant ainsi au milieu de la Tamise. Peu à peu, mètre par mètre, nous gagnions du terrain. Dans le silence de la nuit on entendait distinctement ronfler et craquer la machine de l'*Aurora*. L'homme de l'arrière se tenait toujours penché et semblait faire quelque chose avec ses mains, tandis que de minute en minute il levait les yeux pour mesurer du regard la distance qui les séparait encore de nous. Nous nous rapprochions de plus en plus. Jones héla les fugitifs et les somma de stopper. Les deux bateaux volaient à une allure vertigineuse, et il n'y avait guère plus de quatre longueurs entre eux. Maintenant la rivière s'étendait libre devant nous ; nous étions entre la levée de Borking d'un côté et les tristes marais de Plumstead de l'autre. A l'injonction de Jones, l'homme de l'arrière se redressa et, nous menaçant de ses deux poings crispés, nous envoya de sa grosse voix enrouée une bordée de malédictions. Il paraissait grand et vigoureux, et tandis qu'il se tenait ainsi debout, les jambes écartées, je pus voir qu'à droite il n'avait qu'une jambe de bois. Aux exclamations furieuses qu'il poussait, le paquet qui gisait sur le pont s'agita et j'aperçus alors la silhouette d'un petit homme noir, le plus petit que j'aie jamais vu, avec une grosse tête difforme surmontée d'une épaisse chevelure en broussaille. Holmes avait déjà tiré son revolver et je saisis le mien, à l'aspect de cet être sauvage et difforme. Il était enveloppé dans un grand manteau ou dans une couverture de couleur sombre qui ne laissait voir que sa figure; mais quelle figure! Jamais des traits humains n'ont pu exprimer à ce point la bestialité et la cruauté. Ses petits yeux brillaient, éclairés d'un feu sombre, et ses lèvres épaisses s'entr'ouvraient dans une horrible grimace, tandis qu'il grinçait et claquait des dents comme l'aurait fait un animal féroce.

« Faites feu si vous lui voyez lever la main », me dit Holmes sans se départir de son sang-froid.

Nous n'étions plus alors qu'à une longueur du bateau et nous touchions presque nos ennemis. Je les vois encore tous les deux comme ils m'apparaissaient alors à la lueur du fanal; l'Européen debout, les jambes écartées, vomissant des imprécations, le nain avec sa face hideuse, son aspect sauvage, nous montrant dans sa fureur ses grosses dents jaunâtres. Ce fut fort heureux pour nous de les apercevoir aussi distinctement, car, à ce moment, le nain prit sous son manteau un morceau de bois court et arrondi de la taille d'une règle, et le porta à ses lèvres. Nos revolvers partirent en même temps. Il tourna sur lui-même, leva ses bras au ciel et, avec une sorte de hoquet rauque, tomba dans le fleuve. J'aperçus un instant au milieu d'un tourbillon d'écume ses yeux venimeux et encore menaçants, puis plus rien. Au même moment, l'homme à la jambe de bois se jeta sur la barre et la mettant toute de côté fit tourner brusquement la chaloupe dans la direction de la rive sud, tandis qu'emportés par notre course nous rasions sa poupe et la dépassions. Nous virâmes en quelques secondes, mais déjà l'*Aurora* abordait le rivage. C'était un endroit sauvage et désolé, un vaste marais où la lune faisait scintiller les flaques d'eau stagnante, ne montrant aux alentours que quelques plantes à moitié pourries. La chaloupe, avec un bruit sourd, donna de la proue contre la rive, l'avant se dressant en l'air tandis que l'arrière restait à hauteur de l'eau. Le fugitif sauta à terre, mais sa jambe de bois s'enfonça tout entière dans ce terrain marécageux. En vain multipliait-il ses efforts, en vain se tordait-il sur le sol. Il ne pouvait ni avancer, ni reculer. En constatant son impuissance, il se mit à pousser des hurlements de rage et faisait aller furieusement son autre pied dans la boue; mais il n'arriva ainsi qu'à enfoncer plus profondément encore sa jambe de bois dans cette boue collante.

Lorsque notre bateau vint ranger l'autre, nous fûmes obligés de lui jeter un bout de filin et encore ne put-il s'en tirer qu'en enroulant le câble sous ses épaules, ce qui nous permit de le hisser à notre bord comme quelque poisson vomi par l'enfer. Les deux Smith, père et fils, étaient restés assis sur leur pont l'air abattu. Sur notre ordre, ils ne firent aucune difficulté pour venir nous rejoindre. Nous amarrâmes l'*Aurora* pour la prendre à la remorque. Sur le pont, se voyait un solide coffre en fer travaillé à la mode indienne; c'était évidemment celui qui renfermait le fatal trésor des Sholto; mais la clef manquait. Son poids était considérable; nous le transportâmes dans notre petite cabane, puis nous nous mîmes à remonter lentement le fleuve en projetant de tous côtés la lueur de notre fanal, sans cependant apercevoir aucune trace du petit Andaman. La Tamise devait retenir dans quelqu'une de ses sombres profondeurs le cadavre de son étrange visiteur.

« Regardez donc, dit Holmes en nous montrant un panneau de notre chaloupe. Il n'était que temps de tirer. »

Derrière l'endroit où nous nous étions tenus, je vis enfoncé dans le bois un de ces petits dards dont nous ne connaissions que trop bien les effets meurtriers. Il avait dû passer juste entre nous deux au moment où nous avions fait feu. Holmes sourit en le regardant et haussa les épaules de l'air indifférent qui lui était habituel. Mais, pour moi, j'avoue que je faillis me trouver mal en pensant de combien peu nous venions d'échapper à une mort épouvantable.

XI

Le trésor d'Agra.

Notre prisonnier s'était assis dans la cabine en face de ce coffret de fer dont la conquête représentait pour lui de si longs et de si terribles efforts. C'était un individu tout brûlé par le soleil, à l'œil indifférent, et dont la peau parcheminée et couturée de rides disait la vie au grand air, une vie de dur labeur. Son menton en saillie indiquait une volonté de fer. Il devait avoir une cinquantaine d'années, car sa chevelure noire et crépue était sillonnée par de nombreux fils blancs. Au repos, sa figure n'avait rien de déplaisant, tandis que lorsqu'il se mettait en colère ses sourcils épais et son menton pointu lui donnaient une expression terrible, ainsi que j'avais pu m'en convaincre. En ce moment, assis avec ses mains chargées de menottes sur les genoux, la tête penchée sur sa poitrine, il contemplait de ses yeux perçants la cassette, cause première de tous ses méfaits. Je crus voir qu'il y avait plus de chagrin que de rage dans son maintien, et même à un moment où il levait les yeux sur moi, je surpris dans son regard un éclair de malicieuse gaieté.

« Eh bien, Jonathan Small, dit Jones en allumant un cigare, tout cela a bien mal tourné pour vous !

— Mon Dieu, oui, monsieur, répondit-il franchement. Je ne puis guère éviter mon sort maintenant. Mais je vous jure sur la Bible que je n'ai pas touché du bout du doigt M. Sholto. C'est cet infernal petit Touga qui lui a lancé un de ces maudits dards. Pour moi, je n'y suis pour rien. J'ai été aussi désolé de sa mort que s'il avait été mon parent. Aussi, j'ai régalé ce vilain démon avec le bout du câble, mais le mal était fait et je ne pouvais y remédier.

— Prenez un cigare, dit Holmes, et donnez une accolade à ma gourde, car vous êtes tout mouillé. Comment donc pouviez-vous espérer qu'un homme aussi petit et aussi chétif que ce nègre fût en mesure de lutter avec M. Sholto et de le maintenir jusqu'à ce que vous ayez eu le temps de vous hisser par la fenêtre au moyen de la corde?

— Vous avez l'air, monsieur, d'en savoir aussi long que si vous aviez assisté à toute l'affaire. La vérité est que j'espérais trouver la chambre vide. Je connaissais assez les habitudes de la maison pour savoir que c'était l'heure où M. Sholto descendait généralement dîner. Je ne veux rien cacher, car mon meilleur moyen de défense est de dire la vérité. Ah! s'il s'était agi du vieux major, je l'aurais assassiné d'un cœur joyeux. Je ne me serais pas plus soucié de lui donner un coup de couteau que de fumer ce cigare. Mais je trouve bien dur de me voir compromis au sujet de ce jeune Sholto contre lequel je n'ai en somme jamais eu aucun grief.

— Vous êtes actuellement entre les mains de M. Athelney Jones, de Scotland Yard; il va vous amener chez moi et je vous demanderai un récit très exact des faits. Il faudra bien tout me dire; car j'espère alors pouvoir vous être utile. Je pense être en mesure de prouver que le poison a agi assez rapidement pour que la victime fût déjà morte quand vous avez pénétré dans la chambre.

— Et c'est parfaitement vrai, monsieur. Mon sang n'a fait qu'un tour en voyant cette tête grimaçante et toute penchée de côté, qui fixait sur moi son regard vitreux au moment où j'escaladais la fenêtre. Je faillis en tomber à la renverse, monsieur, et je crois que j'aurais tué Touga s'il ne s'était pas sauvé. C'est même sa précipitation à fuir qui lui a fait oublier sa massue et sa provision de dards. Il m'a avoué cela par la suite et je pense que c'est ce qui vous a mis sur nos traces, quoique je ne puisse comprendre encore comment vous nous avez aussi bien dépistés. Du reste, je ne vous en garde pas rancune. Mais avouez qu'il est dur, ajouta-t-il avec un sourire amer, quand on a, comme moi, le droit de réclamer sa part d'une bonne douzaine de millions, de passer la première moitié de sa vie à travailler comme maçon dans l'archipel Andaman et la seconde, selon toute probabilité, à creuser la terre au bagne de Dartmoor. Ce fût un jour fatal pour moi que celui où je vis pour la première fois le marchand Achmet et où j'entendis parler du trésor d'Agra. Maudit trésor! il n'a jamais été qu'une source de malheurs pour ceux qui l'ont possédé : Achmet a été assassiné, le major Sholto n'a vécu que dans des transes perpétuelles, son fils a été tué, et moi je passerai toute mon existence en prison. »

A ce moment Athelney Jones introduisit sa grosse tête et ses larges épaules dans la cabine.

« C'est tout à fait une petite soirée de famille, dit-il. Je vous demanderai de me passer un instant votre gourde, Holmes. Eh bien, je crois que nous pouvons nous congratuler réciproquement. Quel dommage que nous n'ayons pu avoir l'autre vivant! Mais il n'y a vraiment pas eu moyen. Seulement, Holmes, avouez que vous avez eu de la chance ; c'est tout juste si nous avons pu rattraper cette maudite chaloupe.

— Tout est bien qui finit bien, dit Holmes. Mais je ne savais pas que l'*Aurora* fût aussi bonne marcheuse.

— Smith prétend qu'il n'y en a guère pour la battre sur toute la rivière, et il affirme que s'il avait eu un autre homme pour l'aider à la machine nous ne l'aurions jamais gagné de vitesse. Il jure qu'il ne savait rien de l'affaire de Norvood.

— Et il dit vrai, s'écria notre prisonnier, il n'en savait pas le premier mot. J'ai choisi sa chaloupe parce qu'on m'avait dit qu'elle marchait bien. Mais nous ne l'avons tenu au courant de rien, nous l'avons seulement bien payé et nous lui avons promis une grosse somme dès que nous aurions rejoint à Gravesend le paquebot l'*Esméralda* en partance pour le Brésil.

— Eh bien, s'il n'a rien à se reprocher, nous veillerons à ce qu'il ne lui arrive rien de fâcheux. Si nous sommes prompts à arrêter les gens, nous sommes moins prompts à les condamner. »

C'était amusant de voir combien dans sa suffisance Jones commençait à se donner des airs d'importance au sujet de la capture que nous venions d'opérer. Un sourire qui se dessina sur la figure de Holmes me prouva qu'il n'avait rien perdu de ce petit discours.

« Nous voici bientôt au port de Wauxhall, dit Jones : c'est là, docteur Watson, que nous allons vous débarquer avec le trésor. Inutile de vous dire que je prends une grosse responsabilité en agissant ainsi. C'est tout ce qu'il y a de plus irrégulier, mais je n'ai qu'une parole. Cependant, étant donnée l'importance du dépôt qui vous est confié, je dois, par acquit de conscience, vous faire accompagner par un agent. Vous allez prendre une voiture, je pense ?

— Certainement.

— C'est dommage que nous n'ayons pas la clef du coffre afin d'en faire d'abord un inventaire.

Vous serez obligé de le forcer. Eh! l'ami, où est cette clef?

— Au fond de la rivière, répondit Small brusquement.

— Hum! ce n'était pas la peine de nous donner encore cette complication de plus. Nous avons eu assez à faire, grâce à vous. Quoi qu'il en soit, Watson, je n'ai pas besoin de vous recommander la plus grande prudence. Rapportez le coffre avec vous à Baker Street. C'est là que nous vous attendrons avant d'aller au poste de police. »

Je débarquai à Wauxhall, avec ma lourde cassette, en même temps qu'un gros agent fort jovial qu'on m'adjoignit comme compagnon. Un quart d'heure plus tard nous étions chez Mrs Cecil Forrester. La servante sembla fort étonnée d'une visite aussi tardive. Elle nous expliqua que Mrs Cecil Forrester était sortie pour toute la journée et qu'elle ne rentrerait probablement que très tard, mais que miss Morstan était dans le salon. Je m'y rendis donc avec le coffret, tandis que l'agent restait complaisamment dans le fiacre.

Miss Morstan était assise près de la fenêtre entr'ouverte. Une étoffe blanche presque transparente l'enveloppait, deux taches rouges produites par des rubans se voyaient à son cou et à sa taille. La douce lueur d'une lampe tamisée par l'abat-jour se jouait sur ses traits tout à la fois doux et sérieux et donnait un reflet sombre et métallique aux boucles de sa luxuriante chevelure, tandis qu'elle se tenait renversée dans un fauteuil d'osier. Son bras blanc, sa main effilée pendaient le long de son siège, et tout dans sa pose comme dans son expression dénotait une mélancolie qui l'envahissait tout entière. Au son de mes pas, elle sauta sur ses pieds et une teinte rose qui indiquait à la fois sa surprise et sa joie colora ses joues pâles.

« J'avais bien entendu une voiture s'arrêter, dit-elle, mais je pensais que c'était Mrs Forrester qui rentrait de bonne heure. Jamais je n'aurais cru que ce fût vous. Quelles nouvelles apportez-vous ?

— J'apporte mieux que des nouvelles », dis-je en déposant la cassette sur la table et en m'efforçant de prendre un ton enjoué, malgré le poids qui oppressait ma poitrine. « J'apporte bien mieux que toutes les nouvelles de la terre. Je vous apporte la fortune ! »

Elle jeta un coup d'œil sur le coffre en fer.

« C'est donc là le trésor ? demanda-t-elle froidement.

— Oui! c'est le grand trésor d'Agra. La moitié vous appartient, l'autre revient à Thaddeus Sholto. Vous allez avoir chacun une demi-douzaine de millions. Pensez-y donc! près de trois cent mille livres de rentes. Vous allez devenir une des riches héritières d'Angleterre. N'est-ce pas beau cela? »

Il faut croire que j'avais exagéré les expansions de ma joie et que celles-ci sonnaient faux, car je vis ses sourcils se contracter et elle me regarda d'un air singulier.

« Si j'ai tout cela, dit-elle, c'est à vous que je le devrai.

— Non, non, répondis-je, pas à moi, mais à mon ami Sherlock Holmes. Avec toute la meilleure volonté du monde je n'aurais jamais pu suivre une piste qui, malgré ses facultés merveilleuses, l'a mis un instant en défaut. Et même au dernier moment nous avons encore failli échouer.

— Asseyez-vous donc, je vous en prie, docteur Watson, dit-elle, et racontez-moi tout ce qui s'est passé. »

En quelques mots je la mis au courant de ce qui était advenu depuis que je ne l'avais vue la dernière fois : les nouvelles idées de Holmes, la découverte de l'*Aurora*, l'arrivée d'Athelney Jones, notre expédition de la soirée, enfin notre chasse enragée le long de la Tamise. Elle écoutait ce récit, la lèvre frémissante, l'œil brillant. Lorsque je dis combien le dard empoisonné avait passé près de nous, elle devint si pâle que je crus qu'elle allait se trouver mal.

« Ce n'est rien, dit-elle, tandis que je m'empressais de lui verser un verre d'eau. Me voici déjà remise. Seulement, en voyant combien mes amis se sont exposés pour moi, j'ai été toute bouleversée.

— Tout cela est fini à cette heure, répondis-je, et ce n'était pas si terrible. Maintenant je ne vous raconterai plus rien d'effrayant, mais parlons de choses plus intéressantes, puisque voici le trésor. Qu'y a-t-il de plus intéressant que lui ? J'ai demandé la permission de vous l'apporter, pensant que vous seriez heureuse de le contempler la première.

— J'en serai certainement très heureuse », dit-elle, sans cependant que sa voix prît la moindre intonation joyeuse. Elle avait sans doute pensé qu'il serait peu aimable de sa part de paraître indifférente à une conquête qui nous avait donné tant de mal.

« Quel joli coffre! dit-elle, en l'examinant. C'est un travail indien, n'est-ce pas?

— Oui, c'est ainsi qu'on travaille le métal à Bénarès.

— Et comme il est lourd! s'écria-t-elle, en essayant de le soulever. Cette cassette seule doit avoir une valeur considérable. Où en est la clef?

— Small l'a jetée dans la Tamise, répondis-je. Il faut que je me serve pour l'ouvrir des pincettes de Mrs Forrester. »

Sur le devant du coffre se voyait un fermoir sculpté représentant un Boudha accroupi. Je passai en dessous l'extrémité des pincettes et m'en servis comme d'un levier. Le fermoir sauta avec un bruit sec. D'une main tremblante, je soulevai le couvercle et nous restâmes tous les deux stupéfaits, les yeux fixés à l'intérieur du coffre. Il était vide!

Je compris pourquoi, malgré cela, il était si lourd. Son enveloppe métallique avait deux centimètres d'épaisseur. Il était de plus très massif et très solide comme si on l'avait destiné à contenir des objets d'une grande valeur; mais, je le répète, on ne voyait à l'intérieur ni un bijou ni un atome de métal précieux. Il était vide, tout ce qu'il y a de plus vide.

« Le trésor s'est envolé », dit tranquillement miss Morstan.

En entendant ces mots, il me sembla qu'on m'enlevait un grand poids. Je ne m'étais pas rendu bien compte jusque-là de tout ce que m'avait fait souffrir ce trésor d'Agra. C'était très mal sans doute, j'agissais ainsi en égoïste, en ami peu fidèle, mais je ne voyais qu'une chose, c'est que la barrière d'or qui me séparait d'elle avait enfin disparu.

« Dieu soit loué ! » m'écriai-je, et ce cri partait du fond du cœur.

Elle me regarda d'un air interrogateur en souriant finement.

« Pourquoi dites-vous cela ? me demanda-t-elle.

— Parce que vous voilà de nouveau à ma portée, dis-je en lui prenant la main, sans qu'elle songeât à la retirer ; parce que je vous aime, Mary, aussi sincèrement que jamais homme ait pu aimer une femme ; parce que ce trésor, ces richesses me fermaient la bouche et que maintenant qu'ils ont disparu je puis vous avouer mon amour. Voilà pourquoi j'ai dit : Dieu soit loué !

— Alors moi aussi je répéterai : Dieu soit

loué! » murmura-t-elle, tandis que je l'attirais vers moi.

Si un trésor avait été perdu cette nuit-là, je sais que, pour ma part, j'en avais conquis un autre.

XII

L'étrange histoire de Jonathan Small.

Il était vraiment d'un caractère patient, l'agent que j'avais laissé dans le fiacre, car ce ne fut qu'au bout d'un temps considérable que je le rejoignis. Lorsque je lui appris que la cassette était vide, sa figure s'allongea sensiblement.

« Voici notre prime dans l'eau, dit-il tristement. Adieu l'argent, adieu toute récompense, tandis que si nous avions rapporté le trésor, Sam Browns et moi nous aurions reçu chacun une jolie pièce d'or.

— Mais Mr Thaddeus Sholto est riche, dis-je, et il voudra certainement vous récompenser quand même. »

L'inspecteur secoua la tête d'un air découragé.

« Mauvaise affaire, dit-il, et Mr Athelney Jones sera de cet avis. »

Il ne se trompait pas, car le détective eut l'air fort déconfit lorsqu'en arrivant à Baker Street je lui présentai le coffret vide. Holmes et lui venaient seulement d'arriver avec leur prisonnier ; ils avaient, en effet, changé leur programme, et avaient commencé par aller faire leur rapport à un poste de police. Mon compagnon était étendu dans son fauteuil avec l'expression distraite qui lui était habituelle, tandis que Small se tenait assis en face de lui l'air abattu et sa jambe de bois croisée sur l'autre. Cependant, lorsque je montrai que la cassette ne contenait plus rien, il se renversa sur sa chaise, en éclatant de rire.

« Ceci est encore un coup de votre façon, Small, dit Athelney Jones, d'un ton fort mécontent.

— Oui, certainement, s'écria-t-il d'un air de triomphe. J'ai envoyé le trésor là où vous ne pourrez jamais aller le repêcher. Il était à moi d'abord, et, du moment où il m'échappait, je tenais avant tout à ce que personne autre ne pût en profiter. Il n'y a pas un être au monde, vous m'entendez bien, qui ait le droit d'y prétendre avec moi, si ce n'est trois malheureux qui comptent encore parmi les déportés aux îles Andaman. Et comme je sais qu'ils ne pourront pas plus en jouir que moi, c'est aussi bien en leur nom qu'au mien propre que j'ai agi, car nous sommes liés par la *marque des quatre*, et je suis sûr qu'ils auraient fait ce que j'ai fait, c'est-à-dire qu'ils auraient jeté le trésor dans la Tamise plutôt que de le voir s'en aller aux parents et aux amis de ce Sholto ou de Morstan. Ce n'est pas pour enrichir ces gens-là que nous avons fait l'affaire Achmet. Vous trouverez donc le trésor là où vous trouverez la clef du coffre et le cadavre du petit Touga. Quand j'ai vu que votre chaloupe allait nous atteindre, j'ai tenu à tout mettre en lieu sûr. Ah! vous avez fait là une excursion qui ne vous rapportera pas grand'chose!

— Vous cherchez à nous tromper, Small, dit Athelney Jones, d'un ton sec; si vous aviez vraiment voulu jeter le trésor dans la Tamise, il vous aurait été bien plus facile d'y jeter la cassette tout entière, contenant et contenu.

— Plus facile pour moi, c'est vrai, mais aussi plus facile pour vous, répondit-il avec un clignement d'œil malicieux. L'homme qui a été assez malin pour me dépister serait bien assez habile pour retirer un coffret en fer du fond de la rivière. Mais maintenant que les bijoux sont éparpillés sur un parcours d'une dizaine de kilomètres, c'est une autre affaire. Et pourtant cela m'a serré le cœur; je suis devenu à moitié fou de rage, voyez-vous, quand vous vous êtes mis à nous donner la chasse. Enfin, ce n'est plus le moment de se lamenter. J'ai eu quelques hauts dans ma vie, j'ai eu surtout bien des bas, mais cela m'a appris au moins à ne jamais pleurer sur ce qui était irrémédiable.

— Tout cela est très grave, Small, reprit le détective. Si vous aviez aidé la justice au lieu de lui jouer un tour pareil, vous auriez eu quelques droits à l'indulgence du tribunal.

— La justice? grogna l'ex-forçat, vous parlez de justice? Est-ce qu'elle n'est pas tout entière de mon côté la justice? Alors vous trouveriez juste que je renonce à ce que j'ai péniblement gagné en faveur de gens qui n'ont jamais rien fait? Voulez-vous savoir quels sont mes droits? Écoutez : vingt longues années passées dans ces marais fiévreux, vingt longues années d'un travail incessant au milieu des miasmes délétères des mangliers, la nuit enfermé dans d'ignobles baraques, pêle-mêle, avec les forçats, dévoré par les moustiques, torturé par les fièvres, maltraité par tous ces maudits surveillants noirs, trop heureux de pouvoir se revenger sur un blanc.... Voilà comment j'ai gagné le trésor d'Agra, et vous venez ensuite me parler de justice, parce que je n'ai pu supporter la pensée de voir d'autres jouir de ce qui m'avait coûté si cher! Non, non, voyez-vous, j'aimerais mieux être pendu vingt fois, ou recevoir dans la peau un des dards de Touga, que de traîner toute mon existence dans une cellule de galérien pendant qu'un autre vivrait dans un palais tranquille et heureux, grâce à l'argent qui devrait m'appartenir. »

Small avait rejeté son masque d'impassibilité, les mots s'échappaient tumultueusement de ses lèvres, ses yeux lançaient des éclairs, et il faisait cliqueter ses menottes en se tordant convulsivement les mains. En voyant sa fureur et sa rage, je compris la terreur éprouvée par le major Sholto en apprenant que le forçat dépouillé par lui s'était lancé à sa poursuite.

« Vous oubliez que nous ignorons toute cette histoire, dit Holmes tranquillement. Vous ne nous l'avez pas racontée et il nous est impossible de savoir jusqu'à quel point la justice a pu, dans le principe, se trouver de votre côté.

— Eh bien, monsieur, je conviens que vous

m'avez toujours parlé très poliment, quoique je voie bien que c'est à vous que je suis redevable de cette jolie paire de bracelets. Mais je ne vous en veux pas. Vous avez joué franc jeu, la chance vous a favorisé, voilà tout. Aussi, puisque vous désirez connaître mon histoire, je suis prêt à tout vous raconter et chacune de mes paroles sera l'expression de la vérité la plus pure. Je le jure par le Dieu tout-puissant. Soyez seulement assez bon pour mettre le verre près de moi, de façon que je puisse me rafraîchir, si je me sens le gosier trop sec. — Là, merci.

« Je suis né dans le comté de Worcester près de Pershore. Je vous garantis que vous trouveriez encore maintenant une quantité de Small dans ces parages-là, si vous vouliez vous en donner la peine. J'ai eu souvent envie d'aller y faire un petit tour, mais, à vrai dire, je n'ai jamais fait grand honneur à ma famille et je ne sais pas trop la réception qui m'y attendrait. Tous ces gens-là étaient de petits fermiers, tranquilles, assidus aux offices, connus et estimés dans leur pays, tandis que moi j'ai toujours été assez mauvais sujet. Enfin, vers l'âge de dix-huit ans, je cessai de les ennuyer : car, m'étant embarqué dans une mauvaise affaire à propos d'une fille, je ne pus m'en tirer qu'en acceptant le « Schelling de la Reine[1] », et en me faisant incorporer au 3ᵉ grenadiers qui partait pour les Indes. Je n'étais cependant pas destiné à faire longtemps le métier de soldat. Je commençais à être à peu près décrassé et à savoir manier mon fusil, lorsque j'eus un jour la fâcheuse idée d'aller me baigner dans le Gange. Par bonheur, j'avais avec moi un sergent de ma compagnie, John Holders, un des meilleurs nageurs de toute l'armée. Tandis que j'étais au milieu du fleuve, un crocodile me happa la jambe droite et me la coupa, juste au-dessus du genou, aussi proprement qu'un chirurgien aurait pu le faire. L'émotion, jointe à la perte de mon sang, me fit perdre connaissance et j'allais me noyer, quand Holders m'empoigna et m'amena jusque sur le rivage. A la suite de cet accident, je restai cinq mois à l'hôpital et lorsqu'enfin je pus me traîner dehors avec cette béquille rivée à ma cuisse, je me trouvai rayé des contrôles de l'armée comme invalide et impropre à tout service actif.

« Mon sort, vous le voyez, était plutôt cruel, à vingt ans infirme et incapable de rien faire. Malgré tout, mon malheur se trouva devenir pour

---

[1]. La prime d'engagement.

moi une bonne fortune. Un planteur d'indigo, nommé Abel White, avait besoin d'un contre-maître pour surveiller ses coolies et les faire travailler. Or, c'était un ami de mon colonel, et celui-ci s'était fort interessé à moi depuis mon accident. Enfin, pour tout résumer en quelques mots, le colonel me recommanda chaudement à Mr White. Comme j'avais surtout à parcourir la plantation à cheval pour m'assurer du travail fait et prendre en note les paresseux, ma jambe n'était pas un obstacle, car il me restait assez de pince pour me tenir bien en selle. Mes appointements étaient considérables, mon logement confortable, et j'envisageais gaiement la perspective de passer le reste de ma vie dans une plantation d'indigo. Mon maître était un homme fort aimable et il lui arrivait souvent de venir dans ma petite cabane fumer une pipe avec moi; dans ces pays-là, voyez-vous, les gens de race blanche se sentent au cœur l'un pour l'autre des tendresses qui leur seraient inconnues dans leur patrie.

« Mais quand j'ai eu de la veine, elle n'a jamais duré longtemps. Un beau jour, sans aucun présage précurseur, la grande révolte éclata. La veille, les Indes paraissaient aussi calmes et aussi tranquilles que les comtés de Surrey ou de Kent.

Le lendemain, deux cent mille démons noirs étaient déchaînés et le pays présentait vraiment l'image de l'enfer. Mais, messieurs, vous connaissez, sans doute, tout cela aussi bien et même bien mieux que moi ; car la lecture n'est pas mon fort. Je ne sais donc que ce que j'ai vu de mes propres yeux. Notre plantation était à un endroit appelé Muttra, près de la frontière nord-ouest. Chaque nuit, le ciel était éclairé par des lueurs sinistres. C'était quelque habitation de colon qui brûlait, et chaque jour nous voyions passer de petites troupes d'Européens traînant à leur suite leurs femmes et leurs enfants et se dirigeant vers Agra, où se trouvait la garnison la plus rapprochée. Mr Abel White était un homme fort entêté. Il s'était mis dans la cervelle que la révolte avait été très exagérée et qu'elle se calmerait aussi rapidement qu'elle avait surgi. Aussi, tandis que le pays autour de lui était tout entier en feu, il restait tranquillement sous sa véranda à boire des grogs au whiskey et à fumer de longues pipes. Vous pensez bien que je ne l'abandonnai pas, pas plus du reste que ne le fit Dawson, le teneur de livres de la plantation, dont la femme tenait le ménage du maître. Mais, un beau jour, la tourmente s'abattit sur nous.

« Ce matin-là, je m'étais rendu à une plantation éloignée et dans la soirée je rentrais lentement à la maison, lorsque j'aperçus tout à coup ce qui me sembla être un paquet de vêtements tout au fond d'un profond ravin. En m'en approchant, un frisson d'horreur me glaça jusqu'aux os ; c'était la femme de Dawson, toute tailladée à coups de sabre et déjà à moitié dévorée par les chacals et par les chiens indigènes. Un peu plus loin, sur la route même, le cadavre de Dawson gisait la face contre terre ; il tenait encore à la main un revolver déchargé, et près de lui étaient étendus les corps de quatre cipayes qu'il avait tués avant de succomber lui-même. Je restais là, me demandant quel parti prendre, quand je vis une fumée épaisse s'échapper de l'habitation de Mr Abel White, tandis que des colonnes de flammes s'élançaient dans les airs. Il était donc trop tard pour aller au secours de mon maître et je n'aurais pu que risquer ma propre vie, sans la moindre utilité, en m'avançant davantage. De loin, je pouvais apercevoir des centaines de démons noirs, portant encore la veste rouge, qui entouraient la maison incendiée en dansant et en hurlant. Quelques-uns d'entre eux m'ayant signalé, une ou deux balles sifflèrent à mes oreilles. Alors je me jetai dans les prairies et galopai une partie de la nuit jusqu'à ce que je me trouvasse sain et sauf dans les murs d'Agra.

« Cependant, même dans cette ville, la sécurité était loin d'être absolue. Tout le pays était soulevé; on se serait cru au milieu d'un essaim d'abeilles. Lorsque les Anglais parvenaient à se grouper, ils restaient bien maîtres du terrain aussi loin que leurs fusils pouvaient porter; mais voilà tout, et, partout ailleurs, la fuite était leur seule ressource. C'était la lutte de millions de forcenés contre quelques centaines d'hommes, et, détail bien cruel, ces ennemis que nous combattions n'étaient autres que nos propres troupes, nos troupes d'élite, infanterie, cavalerie, artillerie, instruites et entraînées par nous avec tant de soin, qui maintenant se rassemblaient dans leurs camps au son de nos propres sonneries et tournaient contre nous les armes que nous leur avions données.

« Dans Agra se trouvait réuni le 3ᵉ fusiliers du Bengale, quelques Sikhs, deux pelotons de cavalerie et une batterie d'artillerie. On avait créé en outre un corps de volontaires, composé d'employés et de marchands et je demandai à en faire partie, malgré ma jambe de bois. Dans les premiers jours de juillet, nous marchâmes à la rencontre des rebelles et nous les battîmes à Shahgunge, mais le manque de munitions nous força à rétrograder et à rentrer dans la ville.

« Cependant nous recevions de tous côtés les nouvelles les plus alarmantes; cela n'avait rien d'étonnant, car, si vous consultez la carte, vous verrez que nous nous trouvions au centre du pays soulevé, n'ayant pour nous appuyer que Luchnow, à plus de trois cents kilomètres à l'est de Cawnpore, presque aussi éloignée dans la direction du sud. Dans toute cette région on n'entendait plus parler que de crimes et d'atrocités sans nom.

« Agra est une ville considérable remplie de fanatiques et de mécréants de toute espèce. Aussi notre poignée d'hommes se sentait perdue dans le labyrinthe de ses petites rues étroites et tortueuses, et notre chef prit le parti de s'établir de l'autre côté de la rivière, dans l'ancienne citadelle. Je ne sais, messieurs, si vous avez entendu parler de ce fort si curieux. C'est une des choses les plus extraordinaires que j'aie rencontrées et cependant Dieu sait si j'ai vu de drôles de pays.

« En premier lieu, ses dimensions sont énormes, et je suis sûr que son enceinte contient un nombre respectable d'hectares. Tout un quartier est moderne : c'est là qu'on cantonna la garnison en même temps que les femmes, les enfants, les magasins, etc., et encore tout cela n'en occupa-t-il qu'une faible partie. Cependant ce quartier moderne est bien moins considérable encore que le vieux quartier qui est, du reste, complètement abandonné et où les scorpions et les mille-pattes règnent en maîtres. Celui-ci se compose uniquement de cours spacieuses, reliées par des passages tortueux, ou séparées les unes des autres par un dédale de longs corridors. Rien de plus facile que de s'y perdre. Aussi ne s'y aventurait-on que rarement, si ce n'est quelque patrouille munie de torches.

« La rivière baigne le mur d'enceinte de la citadelle et la protège en avant ; mais, sur les deux autres faces et sur les derrières, de nombreuses portes s'ouvrent sur la campagne ; il fallait nécessairement les garder aussi bien dans le vieux quartier que dans celui qui était occupé par nos troupes. Comme nous manquions de monde et que nous avions à peine assez d'hommes pour garnir les saillants et pour servir les pièces, il nous était impossible de mettre à chacune des ouvertures une garde suffisante. On organisa alors un poste central au milieu de l'enceinte et on ne mit à chaque porte qu'un blanc avec deux ou trois indigènes sous ses ordres. Je fus désigné ainsi pour être de garde pendant quelques heures chaque nuit à une poterne isolée qui donnait sur la face sud-ouest, et on mit sous mes ordres deux soldats sikhs; j'avais la consigne de tirer un coup de feu à la moindre alerte, de façon que le poste central pût m'envoyer immédiatement du secours. Mais comme ce poste se trouvait à plus de deux cents mètres de moi, et que j'en étais séparé par tout un labyrinthe de passages et de corridors, il me semblait impossible qu'aucun secours pût arriver à temps en cas d'une attaque imprévue.

« Quoi qu'il en fût, j'étais assez fier du commandement qui m'avait été confié malgré mon inexpérience et ma jambe en moins. Deux nuits de suite, je montai la garde avec mes indigènes. C'étaient de grands et solides gaillards à l'aspect farouche, nommés, l'un Mahomet Singh et l'autre Abdullah Khan, tous les deux vieux soldats et s'étant battus autrefois contre nous à Chibiau-Wallah. Quoiqu'ils sussent assez bien l'anglais, je ne parvenais pas à en tirer grand'chose. Ils préféraient rester assis côte à côte et bavarder toute la nuit dans leur étrange langage. Quant à moi, je me tenais en dehors de la porte, contemplant les sinuosités de la large rivière, ou les lumières vacillantes de la grande ville qui s'étendait à mes pieds. Le roulement des tambours, le bruit des tam-tams, les cris et les hurlements des rebelles, ivres d'opium et d'alcool, ne nous permettaient pas d'oublier un instant les dangereux voisins dont le fleuve seul nous séparait. Toutes les deux heures, l'officier de service faisait sa ronde et s'assurait que tout était en ordre.

« La troisième nuit, le ciel était obscur et le temps mauvais; il tombait une petite pluie fine et pénétrante, et les heures de garde s'écoulaient bien lentement. Plusieurs fois, j'essayai d'entamer la conversation avec mes Sikhs, mais tous mes efforts échouèrent devant leur mutisme. A deux heures du matin, la ronde passa et vint rompre un moment la monotonie de cette nuit. Voyant qu'il était impossible de causer avec mes compagnons, je tirai ma pipe et je déposai mon mousquet pour faire flamber une allumette. Au même instant, les deux Sikhs se jetèrent sur moi. L'un d'eux saisit mon fusil et appuya le bout du canon sur mon front, tandis que l'autre, me mettant un poignard sous la gorge, jura à voix basse qu'il l'enfoncerait jusqu'à la garde si j'essayais de faire un mouvement.

« Ma première idée fut que ces hommes étaient d'accord avec les rebelles et qu'une attaque se préparait ; or, si les cipayes parvenaient à s'emparer de notre poste, la place ne pouvait plus résister et les femmes et les enfants subiraient le même sort qu'à Cawnpore. Peut-être, messieurs, allez-vous croire que je cherche à me faire valoir, mais je vous donne ma parole qu'à cette pensée, et malgré la pointe du poignard qui m'entrait dans la gorge, j'ouvris la bouche pour pousser un cri, dût-il être mon dernier, afin de donner l'alarme au poste central. L'homme qui me tenait sembla lire en moi, car à ce moment il murmura à mon oreille : « Pas un « mot ! la citadelle n'a rien à craindre. Les « rebelles, que Dieu confonde, n'ont pas passé « la rivière. » Je sentis qu'il disait vrai et en même temps je lisais dans ses yeux sombres qu'au premier son proféré par moi j'étais un homme mort. Aussi je me décidai à garder le silence et à voir ce qu'on attendait de moi.

« Écoutez-moi bien, Sahib », dit le plus grand et le plus sauvage des deux, celui qu'on appelait Abdullah Khan : « Il faut à cette heure ou vous

« mettre avec nous, ou que nous nous assurions
« de votre silence pour toujours. L'affaire est
« trop sérieuse pour nous permettre d'hésiter.
« Vous allez jurer sur la croix des chrétiens de
« vous livrer corps et âme à nous, ou bien cette
« nuit votre cadavre sera jeté dans le fossé et
« nous irons rejoindre nos frères dans l'armée
« des rebelles. Choisissez : la mort ou la vie, il
« n'y a pas de milieu; tout ce que nous pouvons
« faire, c'est de vous accorder trois minutes pour
« vous décider; l'heure s'avance et il faut que
« tout soit fini avant que la ronde repasse.

« — Me décider à quoi? demandai-je. Vous
« ne m'avez même pas dit ce que vous vouliez
« de moi. Mais si vous conspirez contre la sécu-
« rité du fort, jamais je ne me mettrai avec vous,
« je vous le jure! Enfoncez donc votre poignard
« et que tout soit fini.

« — La sécurité du fort n'a rien à voir en cette
« affaire, répondit-il. Nous voulons seulement
« vous faire gagner ce que vos compatriotes sont
« venus chercher dans ce pays-ci : la richesse.
« Si vous consentez à marcher ce soir avec nous,
« nous allons vous jurer sur ce poignard nu, et
« par le triple serment auquel jamais Sikh n'a
« failli, que nous vous donnerons loyalement

« votre part, c'est-à-dire un quart du trésor.
« Nous ne pouvons faire mieux.

« — Mais de quel trésor? demandai-je. J'ai
« aussi envie que vous de devenir riche, seule-
« ment dites-moi comment il faut s'y prendre.

« — Vous allez alors, reprit-il, jurer sur le corps
« de votre père, sur l'honneur de votre mère, sur
« la croix de votre religion, de ne pas faire un
« geste, de ne pas dire un mot, soit aujourd'hui,
« soit plus tard, qui puisse se tourner contre
« nous.

« — Je le jure, répondis-je, sous la réserve que
« la citadelle ne doit courir aucun danger de ce
« fait.

« — Alors mon camarade et moi nous jurons à
« notre tour que vous recevrez un quart du
« trésor qui sera partagé également entre nous
« quatre.

« — Mais nous ne sommes que trois? dis-je.

« — Non, il y a aussi Dost Akbar qui doit avoir
« sa part. Mais j'ai le temps de vous raconter
« toute l'histoire en les attendant. Garde la porte,
« Mahomet Singh, et préviens-nous lorsque tu
« les verras s'avancer. Voici ce qui en est, Sahib,
« et si je vous révèle tout cela, c'est que, sachant
« combien vous autres blancs êtes fidèles à vos

« serments, je sais aussi que nous pouvons main-
« tenant compter sur vous. Si vous aviez été un
« de ces Hindous menteurs, vous auriez eu beau
« jurer par tous les faux dieux qui remplissent
« leurs temples, votre sang aurait déjà rougi
« mon poignard, et votre cadavre serait étendu
« maintenant dans la boue du fossé. Mais le Sikh
« sait apprécier l'Anglais comme l'Anglais sait
« apprécier le Sikh. Ouvrez donc vos oreilles et
« écoutez ce que j'ai à vous dire.

« Dans les provinces du Nord, il existe un
« rajah qui, bien que son territoire soit restreint,
« est possesseur d'immenses richesses. Son père
« lui en a légué quelques-unes, mais il en a
« amassé encore bien plus lui-même, car il est
« d'un naturel vil et intéressé et aime mieux
« entasser son or en cachette plutôt que de le
« dépenser. Lorsque la révolte éclata, il chercha
« à ménager le lion aussi bien que le tigre, à
« vivre en bons termes avec les cipayes, en
« même temps qu'avec les Anglais. Bientôt
« cependant il crut que l'heure des blancs avait
« sonné; car de toutes parts il n'entendait parler
« que de massacres et de défaites subies par eux.
« Cependant, en homme prudent, il s'arrangea
« pour que, quelle que fût l'issue de la lutte, il

« pût toujours conserver au moins la moitié de
« son trésor. Il garda avec lui tout son or et tout
« son argent, le cachant dans les souterrains de
« son palais, tandis qu'il enferma dans une cas-
« sette de fer les pierres les plus précieuses et
« les perles les plus rares, puis il remit ce dépôt
« à un serviteur de confiance déguisé en mar-
« chand avec la mission de gagner la citadelle
« d'Agra, et de l'y mettre en sûreté jusqu'à ce
« que le pays fût rentré dans le calme. De cette
« manière, si les rebelles viennent à triompher,
« il conservera son or et son argent, tandis que,
« si c'est la Compagnie, les bijoux lui resteront.
« Ayant ainsi fait deux parts de sa fortune, le
« misérable a embrassé le parti des cipayes qui
« paraissait l'emporter dans les parages où il se
« trouvait. Or, faites-y bien attention, Sahib,
« une pareille conduite ne légitime-t-elle pas
« nos actes, quand nous voulons faire passer le
« trésor de ce traître entre les mains de ceux qui
« sont restés fidèles ? Le prétendu marchand
« voyage sous le nom d'Achmet ; il est en ce
« moment dans la ville d'Agra et cherche à
« pénétrer dans la citadelle. Mon frère de lait,
« Dost Akbar, qui connaît son secret, voyage
« avec lui et lui a promis de le faire entrer cette

« nuit par une poterne latérale qui n'est autre
« que celle-ci. Quand le serviteur du rajah arri-
« vera, il nous trouvera là, Mahomet Sing et
« moi, pour lui souhaiter la bienvenue. L'en-
« droit est solitaire, personne ne saura qu'il est
« venu. Le marchand Achmet aura disparu de ce
« monde, voilà tout, et nous, nous aurons chacun
« notre part de l'immense trésor du rajah. Qu'en
« dites-vous, Sahib? »

« Il est bien évident que dans le comté de Worcester la vie d'un homme passe pour être sacrée et compte pour quelque chose; mais quand on voit tout à feu et à sang autour de soi, et que la mort vous guette à chaque tournant, on envisage les choses bien différemment. Je me souciais donc de la vie du marchand Achmet comme d'un fétu de paille, tandis que les révélations ayant trait au trésor m'impressionnèrent au dernier point. Je me mis à penser à tout ce que je pourrais faire, une fois de retour au pays, et à l'ébahissement des miens lorsqu'ils verraient l'ancien vaurien revenu les poches cousues d'or.... Aussi ma résolution fut-elle prise en un instant. Cependant Abdullah Khan, croyant que j'hésitais encore, insista de nouveau :

« Pensez donc, Sahib, que, si cet homme tombe

« entre les mains du commandant, il sera pendu
« ou fusillé, et tous les bijoux seront confisqués
« par le gouvernement, sans que personne en
« bénéficie. Puisque c'est entre nos mains qu'il
« peut tomber, pourquoi ne pas peser sur les
« événements pour qu'ils tournent à notre profit?
« Les bijoux se trouveront aussi bien entre nos
« mains que dans les coffres de la Compagnie. Il
« y en aura assez pour nous rendre tous riches et
« puissants et personne ne saura rien de l'affaire,
« puisque, ici, nous n'avons plus aucune relation
« avec le monde extérieur; vous le voyez, Sahib,
« tout nous favorise. Dites-moi donc si vous êtes
« avec nous, ou si nous devons vous traiter en
« ennemi.

« — Je suis avec vous corps et âme, répondis-
« je.

« — Voilà qui va bien », fit-il en me rendant
mon mousquet. « Vous voyez que nous avons con-
« fiance en vous et que nous croyons à vos ser-
« ments comme vous pouvez croire aux nôtres.
« Nous n'avons plus alors qu'à attendre patiem-
« ment mon frère de lait et le marchand.

« — Votre frère de lait connaît-il vos inten-
« tions? demandai-je.

« — C'est lui qui a tout imaginé, tout combiné.

« Allons maintenant à la poterne et montons la
« garde avec Mahomet Singh. »

« La pluie tombait toujours sans discontinuer, car nous nous trouvions au commencement de la saison humide. De gros nuages, épais et sombres, obscurcissaient le ciel, et il était difficile d'y voir plus loin qu'à quelques pas. Un fossé profond s'étendait devant la porte, mais à certains endroits il était presque à sec et on pouvait le traverser facilement. J'éprouvai une sensation étrange en me trouvant là entre ces deux Indiens sauvages en train de guetter le malheureux qui accourait de lui-même au-devant de la mort.

« Tout à coup, je distinguai la lueur d'une lanterne sourde de l'autre côté de la douve. Puis cette lumière disparut derrière la levée pour apparaître de nouveau, s'avançant dans notre direction.

« — Les voici ! m'écriai-je.

« — Vous allez lui crier « Qui Vive ? » comme
« c'est l'habitude, Sahib, murmura Abdullah. Il
« faut qu'il ne puisse avoir aucune méfiance.
« Donnez-nous l'ordre de le mener à l'intérieur
« des remparts et nous lui ferons son affaire,
« pendant que vous resterez ici à surveiller les
« alentours. Tenez votre lanterne prête, afin que

« nous puissions nous assurer que c'est bien
« notre homme. »

« La lueur tremblotante continuait à s'avancer malgré quelque temps d'arrêt, jusqu'à ce qu'il me fût possible de distinguer deux silhouettes qui se détachaient en noir de l'autre côté du fossé. Je les laissai dégringoler la rampe opposée, patauger dans la boue du fond et remonter à moitié l'autre pente avant de les interpeller.

« — Qui vive? dis-je à mi-voix.

« — Amis! nous fut-il répondu.

« Je démasquai ma lanterne et la dirigeai sur eux. En tête, marchait un énorme Sikh dont la barbe noire descendait jusqu'à la ceinture. Je n'avais jamais vu, si ce n'est dans les foires, un pareil géant. Le second était un petit homme, très gros, tout rond, coiffé d'un large turban jaune et portant un paquet enveloppé dans un châle. Il semblait en proie à la frayeur la plus intense, car ses mains tremblaient, comme agitées par une fièvre violente, et il faisait aller de droite et de gauche sa tête, au milieu de laquelle on voyait étinceler deux petits yeux brillants et vifs, tout comme une souris qui s'avance hors de son trou. Je frissonnai d'abord à l'idée du meurtre qui allait se commettre, mais je pensai au trésor et mon cœur redevint dur comme un roc. En apercevant un blanc devant lui, il poussa une exclamation de joie et courut vers moi.

« Protégez-moi, Sahib, dit-il haletant ; protégez
« l'infortuné marchand Achmet. J'ai traversé le
« pays de Rajpootana pour venir me réfugier
« dans la citadelle d'Agra. J'ai été volé, battu,
« maltraité, parce que je suis un ami fidèle de la
« Compagnie. Béni soit le jour où je me vois de
« nouveau en sûreté, moi et le peu que je possède.

« — Qu'avez-vous donc dans ce paquet ? demandai-je.

« — Un coffret en fer, répondit-il, qui renferme
« deux ou trois petits souvenirs de famille sans
« aucune valeur pour d'autres, mais auxquels je
« tiens. Cependant, ne me prenez pas pour un
« mendiant, je saurai reconnaître votre protec-
« tion, jeune Sahib, et celle de votre chef, si je
« puis trouver ici l'abri que j'implore. »

« Je ne me sentais pas le courage de soutenir plus longtemps cette conversation. Plus je regardais cette grosse figure effarée, plus je trouvais cruel de tuer ce malheureux de sang-froid. Il fallait pourtant en finir.

« Menez-le au poste principal », dis-je.

« Les deux Sikhs le mirent entre eux deux,

tandis que le géant marchait derrière et ils pénétrèrent ainsi dans l'ombre formée par la voûte. Vous le voyez, la mort l'environnait déjà de toutes parts.

« Je restai en dehors avec ma lanterne, écoutant la cadence de leurs pas à mesure qu'ils s'éloignaient le long des couloirs déserts. Tout d'un coup, le silence se fit; puis aussitôt j'entendis un murmure de voix, le bruit d'une lutte, le son de coups portés; enfin, ce qui me fit frissonner, une course précipitée, une respiration haletante et, en levant ma lanterne, je vis le gros homme courant comme le vent, la figure traversée par une balafre sanglante, tandis que l'énorme Sikh à la longue barbe noire bondissait comme un tigre sur ses talons un poignard à la main.

« De ma vie je n'ai vu un homme courir aussi vite que ce petit marchand. Il gagnait visiblement sur le Sikh et il était clair que s'il pouvait franchir le rempart, il serait sauvé. Je sentais déjà la compassion me gagner, quand soudain la pensée du trésor vint me rendre de nouveau toute mon insensibilité. Au moment où il arrivait à ma hauteur, je lui jetai mon fusil entre les jambes et il roula deux fois sur lui-même comme un lapin qu'on boule. Avant qu'il eût pu se relever, le Sikh était sur lui et lui enfonçait par deux fois son couteau dans le flanc. L'homme ne poussa pas un cri, ne fit plus un mouvement, mais resta là à la place même où il était tombé. Je crois encore que la chute seule avait dû suffire à le tuer. Vous voyez, messieurs, que je tiens ma parole. Je vous raconte toute l'affaire telle qu'elle s'est passée, que les faits soient en ma faveur ou non. »

Jonathan Small s'interrompit alors un instant, et de ses mains chargées de menottes prit le verre où Holmes lui avait préparé un mélange de whiskey et d'eau. Cet homme produisait sur moi, je l'avoue, une horreur profonde, non seulement à cause de ce crime dans lequel il avait volontairement trempé, mais surtout à cause de la manière délibérée et de l'indifférence avec laquelle il nous le racontait. Quelque dût être le châtiment qui l'attendait, il m'était impossible d'éprouver pour lui la moindre compassion. Sherlock Holmes et Jones restaient immobiles, vivement intéressés par l'histoire qu'ils entendaient; mais cependant l'expression d'un profond dégoût était également peinte sur leurs visages. Small dut s'en apercevoir, car en reprenant son récit il témoigna, aussi bien par le son de sa voix que dans sa façon de s'exprimer, une certaine hésitation.

« C'était assurément très mal, dit-il, mais je voudrais bien savoir combien de gens à ma place auraient hésité entre l'aubaine qui m'était offerte et la perspective d'avoir le cou coupé. De plus, du moment où il avait pénétré dans la citadelle, c'était ma vie ou la sienne qui était en jeu. Car, s'il s'était échappé, toute l'affaire se serait découverte ; j'aurais été traduit devant la cour martiale et évidemment fusillé ; on n'était, je vous le jure, guère disposé à l'indulgence à ce moment-là.

— Continuez votre récit, dit Holmes sèchement.

— Eh bien, tandis que Mahomet Singh montait la garde à la poterne, Dost Akbar et moi nous transportâmes le cadavre dans l'intérieur. Il pesait lourd, allez, malgré sa petite taille. Nous le déposâmes à un endroit que les Sikhs avaient déjà préparé. C'était à quelque distance, dans une grande cour déserte à laquelle aboutissait un long couloir tortueux. Tout alentour, les murs de briques tombaient en ruine et, au milieu, le sol s'était effondré de façon à former une tombe naturelle. Ce fut là que nous mîmes le corps du marchand Achmet et, après l'avoir recouvert avec les briques ramassées à côté, nous revînmes chercher le trésor.

« Il était resté là où Achmet l'avait laissé tomber aux premiers coups qu'on lui avait portés. C'était ce même coffre que vous voyez devant vous ouvert sur cette table. La clef était attachée à cette poignée ciselée, au moyen d'un cordon de soie. Nous l'ouvrîmes, et la lueur de la lanterne fit resplendir à nos yeux une collection de pierres précieuses pareilles à celles dont me faisaient rêver les contes de fées que je lisais dans mon enfance à Pershore. C'était un véritable éblouissement. Lorsque nous eûmes longuement savouré ce merveilleux spectacle, nous tirâmes toutes les pierres de la cassette et nous dressâmes une liste. Il y avait cent quarante-trois diamants de la plus belle eau, y compris une pierre appelée, je crois, « le Grand Mogol » et qu'on dit être la seconde comme grosseur de toutes celles qui existent ; puis il y avait quatre-vingt-sept émeraudes superbes, cent soixante-dix rubis, dont quelques-uns, il est vrai, assez petits, quarante escarboucles, deux cent dix saphirs, soixante et une agates, beaucoup de béryls, d'onyx, d'œils-de-chat, de turquoises, et une foule d'autres pierres dont, à cette époque, j'ignorais encore le nom, bien que j'aie appris à les connaître depuis. De plus, nous comptâmes environ trois cents très belles perles, dont douze étaient enchâssées dans une couronne d'or, et à ce propos je dois dire que ce dernier bijou manquait quand j'ai repris, l'autre jour, la cassette.

« Après avoir compté nos trésors, nous les remîmes dans le coffre et nous retournâmes à la poterne les montrer à Mahomet Singh. Puis nous renouvelâmes solennellement le serment d'être toujours fidèles les uns aux autres et de ne jamais trahir notre secret. D'un commun accord, nous résolûmes de cacher nos richesses dans un lieu sûr jusqu'à ce que le pays eût retrouvé sa tranquillité et que nous pussions alors en effectuer le partage. Il nous fallait, en effet, patienter ; si on avait trouvé sur nous des pierres aussi précieuses, les soupçons se seraient éveillés, et, d'un autre côté, nous n'avions aucun endroit où les dissimuler. Nous portâmes donc le coffre dans la cour où nous avions enterré le cadavre et là, dans la partie du mur la mieux conservée, nous fîmes un trou et nous y déposâmes notre trésor. Nous notâmes soigneusement l'endroit, et le jour suivant je fis quatre plans, un pour chacun de nous et chacun signé « *La marque des quatre* », car nous avions juré que jamais aucun de nous n'agirait autrement que pour l'association tout entière, de façon que les droits de tous fussent toujours sauvegardés. Et ce serment, je puis l'affirmer, la main sur mon cœur, je n'y ai jamais failli.

« Il est, je pense, inutile, messieurs, de vous raconter ce qu'est devenue la révolte des Indes. Lorsque Wilson se fut emparé de Delhi et que sir Colin eut débloqué Lucknow, la résistance devint impossible. Des renforts arrivèrent en masse et Nana-Sahib se vit obligé de passer la frontière. Une colonne volante sous les ordres du colonel Greathed poussa jusqu'à Agra et en chassa les Pandies. La paix semblait être revenue et nous autres, les quatre associés, nous commencions à espérer que le temps était enfin arrivé où nous pourrions effectuer le partage de nos richesses et tirer chacun de notre côté, quand soudain nous vîmes tous nos rêves s'effondrer brusquement. Nous fûmes, en effet, arrêtés sous l'inculpation d'avoir assassiné Achmet.

« Voici ce qui était arrivé. Lorsque le rajah confia son trésor à Achmet, il pensait bien pouvoir compter sur lui. Mais les Orientaux sont si méfiants qu'il trouva néanmoins plus sûr de donner à un autre serviteur de confiance la mission de surveiller le premier, avec la consigne de suivre Achmet comme son ombre sans jamais le perdre de vue. Le soir du meurtre, cet homme, voyant le faux marchand entrer par la poterne, crut qu'il avait trouvé un refuge dans la citadelle. Le lendemain il réussit à y pénétrer lui-même, mais une fois là il ne put découvrir aucune trace d'Achmet. Cela lui parut si étrange qu'il en parla à un sergent des gardes, lequel fit son rapport au commandant. On procéda immédiatement à une enquête qui amena la découverte du cadavre. C'est ainsi qu'au moment où nous nous croyions au bout de nos tribulations, nous fûmes arrêtés tous les quatre et passâmes en justice sous l'inculpation d'assassinat, l'un parce qu'il accompagnait la victime cette nuit-là, et les trois autres parce qu'ils étaient de garde à la porte. Durant tout le procès il ne fut pas question des bijoux ; car entre temps le rajah avait été destitué et exilé, et personne n'avait intérêt à les retrouver. Cependant on fit toutes les preuves du crime et notre culpabilité fut clairement démontrée. Les trois Sikhs furent condamnés aux travaux forcés à perpétuité, tandis que j'étais moi-même condamné à mort ; mais ma peine fut commuée et j'eus à subir le même châtiment que mes complices.

« Notre situation était vraiment étrange. Nous étions forcés de traîner le boulet sans grande chance de nous évader jamais, alors que chacun de nous était maître d'un secret qui nous aurait permis de vivre dans un palais le jour où nous aurions pu en profiter. C'était vraiment un supplice infernal que de supporter tous les mauvais traitements du dernier surveillant venu, de n'avoir que du riz à manger et de l'eau à boire, tandis que ces immenses richesses étaient là à nous attendre dans le trou où nous les avions enfouies. J'aurais pu en devenir fou, mais je suis doué d'une force de volonté rare ; aussi je tins bon, me contentant d'attendre mon heure.

« Je crus enfin la voir venir. D'Agra on m'avait expédié à Madras, et de là à l'île de Blair dans l'archipel Andaman. Les forçats européens sont rares dans cette colonie, aussi j'y acquis bientôt une situation privilégiée. On m'accorda une case à Hope Town, petite ville située sur le versant du mont Harriet, et je pus jouir d'une certaine indépendance. C'est un endroit triste et fiévreux ; toute la région qui entoure les défrichements que nous avons créés est infestée de cannibales et ceux-ci ne cherchaient que l'occasion de nous envoyer dans la peau un dard empoisonné. Toute la journée nous étions occupés à bêcher, à creuser, à faire des plantations, etc., mais le soir nous étions libres de notre temps. J'appris alors à préparer les médicaments pour le docteur et j'acquis ainsi quelques bribes de connaissances médicales. Mais je n'avais toujours qu'une idée fixe, celle de m'évader : seulement je me trouvais à plusieurs centaines de milles de la côte la plus rapprochée, dans une région où le vent ne souffle presque jamais, et n'était-ce pas là une difficulté insurmontable ?

« Le docteur, Mr Somerton, était un jeune homme gai, bon vivant et très amateur de sport ; aussi les autres jeunes officiers se réunissaient-ils volontiers le soir chez lui, pour jouer aux cartes. La salle où je préparais mes drogues était située à côté du salon sur lequel s'ouvrait même une petite fenêtre. Bien souvent, lorsque je me sentais trop enclin à la mélancolie, j'éteignais ma lampe et je restais là à écouter leur conversation et à m'intéresser à la partie. Je suis assez joueur moi-même et je trouvais presque aussi amusant de voir jouer les autres que de tenir les cartes pour mon propre compte. Il y avait là le major Sholto, le capitaine Morstan et le lieutenant Bromley-Brovon, tous les trois officiers dans les corps indigènes, puis le docteur lui-même, et enfin deux ou trois agents du service pénitentiaire, vieux malins qui jouaient un jeu très serré sans s'aventurer jamais. Ils formaient ainsi une petite coterie très fermée.

« Mais bientôt je fis une remarque curieuse : les militaires perdaient toujours tandis que les civils ne faisaient que gagner. Je ne veux pas toutefois en conclure que ces derniers corrigeaient le hasard, toujours est-il que cela se passait ainsi. Les gens du service pénitentiaire n'avaient guère fait autre chose que jouer aux cartes depuis leur arrivée dans l'archipel Andaman. Ils connaissaient à fond leur jeu réciproque, toutes les malices qu'ils employaient, et mettaient à profit cette expérience, tandis que les autres jouaient simplement pour passer le temps et jetaient leurs cartes comme elles venaient. Chaque nuit, les militaires s'appauvrissaient davantage et, plus ils perdaient, plus ils voulaient jouer. Le major Sholto était le plus gros perdant. Au début, il réglait toujours ses différences en or ou en billets de banque, mais bientôt il en fut réduit à faire des billets et cela pour de grosses sommes. Quelquefois il se rattrapait un peu, juste de quoi reprendre courage, puis la chance tournait de nouveau et il s'enferrait de plus en plus. On le voyait toute la journée errer avec une mine sombre et sinistre, puis bientôt il se mit à boire plus que de raison.

« Une nuit sa perte fut plus forte encore que de coutume. J'étais assis dans ma cabane quand le capitaine Morstan et lui vinrent à passer, se dirigeant à tâtons vers leurs logements. Ils étaient très liés tous les deux et ne se quittaient jamais. Le major maudissait sa malchance.

« — C'est fini, Morstan, disait-il à ce moment-là.
« Je vais être obligé de quitter l'armée. Je suis
« un homme fichu.

« — Allons donc, mon vieux », dit l'autre en lui frappant sur l'épaule. « J'ai traversé, moi aussi,
« bien des mauvaises passes.... Et pourtant.... »

« C'est tout ce que je pus entendre, mais cela suffit pour me faire réfléchir. Deux ou trois jours plus tard, je rencontrai le major Sholto flânant sur la plage, et je profitai de l'occasion pour l'aborder.

« — Major, lui dis-je, je voudrais bien vous
« demander un conseil.

« — Eh bien, Small, qu'y a-t-il donc ? » répondit-il en retirant son cigare de sa bouche.

« — Voilà, monsieur, repris-je. Je sais où est
« caché un trésor qui vaut une douzaine de mil-
« lions, et comme je ne peux en profiter moi-
« même, que faut-il faire ? J'ai pensé que le mieux
« serait peut-être de confier mon secret aux auto-

« rités, une pareille action pourrait me valoir la
« remise de ma peine.

« — Une douzaine de millions, Small ! » balbutia-t-il, hors de lui et me fixant de toutes ses forces pour voir si je parlais sérieusement.

« — Certainement, monsieur, au bas mot ; ce
« trésor se compose uniquement de pierres pré-
« cieuses et de perles. Il n'y a qu'à se baisser
« pour le prendre. Et le plus curieux de l'affaire
« c'est que son véritable possesseur a été mis
« hors la loi et ne peut donc rien en réclamer, de
« sorte qu'il appartiendra au premier qui mettra
« la main dessus.

« — Au gouvernement alors, grommela-t-il,
« au gouvernement, Small. » Mais il prononça ces mots d'une façon si étrange que dans mon for intérieur je sentais que je le tenais.

« — Vous êtes donc d'avis, monsieur, que je
« devrais m'adresser au gouverneur général ? » dis-je d'un air calme.

« — Voyons, voyons, il ne faut jamais prendre
« un parti trop vite, ou sans cela on se ménage
« des regrets pour l'avenir. Racontez-moi ce qui
« en est, Small, et dites-moi bien tout. »

« Je lui fis mon récit tout en y apportant quelques légères modifications, afin qu'il ne pût deviner l'endroit de la cachette. Lorsque j'eus terminé, il resta muet et plongé dans ses réflexions, mais, à la crispation de ses lèvres, je pouvais voir qu'il se livrait en lui un violent combat intérieur.

« Tout cela est très grave, Small », dit-il enfin. « Il ne faut en souffler mot à personne et
« je reviendrai bientôt en causer avec vous. »

« Deux jours après, au beau milieu de la nuit, je le vis arriver, une lanterne à la main, et accompagné de son ami, le capitaine Morstan.

« Je voudrais, dit-il, que le capitaine Morstan
« pût entendre votre histoire de votre propre
« bouche, Small. »

« Je ne fis que répéter ce que j'avais dit déjà.

« C'est bien l'accent de la vérité, n'est-il pas
« vrai, Morstan, et ne croyez-vous pas mainte-
« nant que nous pouvons nous embarquer dans
« cette affaire? »

« Le capitaine fit un signe d'assentiment.

« Écoutez bien, Small, reprit le major. Nous
« avons beaucoup causé, mon vieil ami que voici
« et moi, de ce que vous m'aviez révélé et nous
« avons fini par conclure qu'en somme votre
« secret ne concerne vraiment en rien le gouver-
« nement, mais que c'est là une affaire purement
« personnelle qui ne regarde que vous. Vous avez

« donc le droit d'en tirer le parti qui vous sem-
« blera le plus profitable. Maintenant voici la
« question qui se pose. Combien demandez-vous
« de votre secret ? Nous aurions assez envie de
« prendre la chose en mains, ou tout au moins
« de l'examiner à fond, si nous arrivons à nous
« entendre sur les conditions. »

« Il essayait de s'exprimer d'une façon calme et indifférente, mais je pouvais lire dans ses yeux l'excitation et l'avidité qui les faisaient briller.

« Pour cela, messieurs », répondis-je en essayant aussi de parler avec sang-froid tout en ressentant une fièvre égale à la sienne, « quand on
« se trouve dans la situation où je suis, il n'y a
« pas deux façons de comprendre un marché
« pareil. Vous allez nous aider à nous évader, moi
« et mes trois compagnons. Nous vous prendrons
« alors dans notre association et nous vous don-
« nerons un cinquième à partager entre vous.

« — Hum ! dit-il, un cinquième, ce n'est guère
« tentant.

« — Cela ferait plus de douze cent mille francs
« pour chacun de vous, dis-je.

« — Mais comment pouvons-nous favoriser
« votre évasion ? Vous savez bien que vous nous
« demandez là une chose impossible.

« — En aucune façon, répondis-je. J'y ai
« mûrement réfléchi et j'ai prévu tous les détails.
« Le seul obstacle qui nous arrête est l'impossi-
« bilité où nous sommes de nous procurer un
« bateau capable d'accomplir une longue tra-
« versée et de réunir des vivres en quantité suf-
« fisante. Or, à Calcutta ou à Madras, il serait
« facile de trouver un petit yacht comme celui
« qu'il nous faudrait. Amenez-nous-en un ; nous
« monterons à bord pendant la nuit, et si vous
« nous débarquez sur un point quelconque de la
« côte indienne, vous aurez accompli tout ce que
« nous vous demandons.

« — Si encore vous étiez seul, dit-il.

« — Tous les quatre ou personne, répondis-je ;
« nous l'avons juré, nous ne devons jamais agir
« que pour l'association entière.

« — Vous voyez, Morstan, dit le major, Small
« est un homme de parole. Il ne lâche pas ses
« amis. Je crois que nous pouvons avoir toute
« confiance en lui.

« — C'est une vilaine affaire, répondit l'autre,
« et cependant, comme vous le dites, cet argent
« nous sauverait.

« — Eh bien, Small, dit Sholto, nous allons
« donc essayer de vous faire sortir d'ici. Mais il

« faut auparavant que nous nous assurions de la
« vérité de votre récit. Dites-moi où la cassette
« est cachée, je demanderai une permission et je
« profiterai du bateau qui fait le service tous les
« mois pour aller aux Indes et faire mon enquête.

« — N'allons pas si vite », dis-je, devenant d'autant plus calme que l'autre s'emballait davantage. « Il faut que j'aie le consentement de
« mes trois camarades. Je vous ai déjà dit que
« nous ne marchions jamais les uns sans les
« autres.

« — Quelle bêtise! s'écria-t-il; puisque nous
« sommes d'accord, pourquoi nous inquiéter de
« ces trois vilains noirs?

« — Qu'ils soient noirs ou qu'ils soient bleus », dis-je, « ils sont mes associés et nous ne nous
« séparerons pas. »

« Une seconde entrevue eut lieu à laquelle assistèrent Mahomet Singh, Abdullah Khan et Dost Akbar. Après une longue conférence, nous convînmes de l'arrangement suivant : Nous nous engagions à donner à chacun des deux officiers un plan de la citadelle d'Agra avec toutes les indications nécessaires pour retrouver l'endroit où était caché le trésor. Le major Sholto devait aller aux Indes pour s'assurer de notre véracité.

Lorsqu'il aurait trouvé la cassette, il la laisserait là, fréterait un petit yacht bien approvisionné qu'il enverrait mouiller dans les eaux de l'île Rutland et sur lequel nous nous évaderions, puis reviendrait prendre son service. Le capitaine Morstan demanderait alors à son tour une permission et viendrait nous rejoindre à Agra, où s'effectuerait le partage du trésor, la part du major devant être remise au capitaine. Nous jurâmes de la façon la plus solennelle de respecter toutes ces conventions et nous trouvâmes pour cela des formules de serment telles que jamais on n'a pu en inventer d'aussi terribles, que jamais lèvres humaines n'ont pu en proférer de semblables. Je passai toute la nuit à travailler, mais, le matin venu, les deux plans étaient tracés portant tous les deux « *la marque des quatre* », c'est-à-dire nos quatre signatures, la mienne, celles d'Abdullah, d'Akbar et de Mahomet.

« Ma longue histoire, messieurs, doit commencer à vous paraître fastidieuse, et mon ami M. Jones est sans doute pressé de me sentir en sûreté derrière d'épais verrous. Je vais donc abréger le plus possible. Ce misérable Sholto partit bien pour les Indes, mais il ne revint pas. Peu de temps après, le capitaine Morstan nous montra son nom qui figurait sur la liste des passagers d'un paquebot. Un de ses oncles était mort lui laissant une jolie fortune, et il avait quitté le service. Malgré cela, il fut assez canaille pour nous voler tous les cinq de la plus odieuse façon. Morstan se rendit à Agra, dès qu'il le put. Mais, comme nous nous y attendions, il n'y trouva plus le trésor. Le misérable avait tout volé, sans remplir une seule des conditions auxquelles il s'était engagé, lorsque nous lui avions livré notre secret. A partir de ce jour, je ne vécus plus que pour la vengeance. J'y pensais le jour, j'en rêvais la nuit. Cela devint pour moi une obsession irrésistible. La loi, le bagne, rien ne pouvait m'arrêter. M'évader, découvrir Sholto et l'étrangler de mes propres mains, telle était mon unique préoccupation. Les richesses mêmes du trésor d'Agra n'occupaient dans mon esprit qu'une place secondaire auprès du châtiment que je réservais au major.

« Toutes les fois que, dans ma vie, j'ai voulu fermement une chose, je l'ai exécutée. Mais cette fois, bien des longues années se traînèrent lentement avant que mon heure arrivât. Je vous ai dit que j'avais recueilli quelques notions de médecine. Un jour, tandis que le Dr Somerton était alité en proie à une fièvre violente, une escouade de forçats rencontra dans les bois un jeune Andaman. Il était presque mourant et s'était réfugié dans un endroit solitaire pour y rendre le dernier soupir. J'entrepris de le guérir, quoiqu'il eût autant de malice qu'une petite vipère, et au bout de deux mois j'eus la satisfaction de le voir de nouveau sur pied et parfaitement remis. Il se prit d'une espèce de passion pour moi et, refusant de retourner dans sa forêt, il était toujours fourré dans ma cabane. J'appris ainsi quelques mots de sa langue et cela augmenta encore son affection pour moi.

« Touga — c'était son nom — était très bon marin et possédait un grand et confortable canot. Lorsque je compris combien il m'était dévoué et qu'il serait prêt à tout pour me servir, je pensai qu'avec son aide une évasion devenait possible. Je lui en parlai et il fut convenu qu'une nuit il amènerait son bateau à un vieil embarcadère abandonné où l'on ne plaçait jamais de sentinelles et où il me serait facile de monter à bord. Je lui recommandai de se munir d'un grand nombre de gourdes pleines d'eau et d'une provision d'ignames, de noix de coco et de patates.

« Ce petit Touga était d'une fidélité à toute

épreuve; impossible de rencontrer un ami plus sûr. Aussi, à l'heure dite, son bateau m'attendait à l'embarcadère. Mais, par malheur, un gardien rôdait par là, c'était un misérable Pathan qui n'avait jamais laissé échapper l'occasion de m'injurier ou de me brutaliser. J'avais toujours juré de me venger de lui, et voilà que le destin semblait le placer sur ma route pour que je pusse payer la dette de rancune que j'avais contractée envers lui, avant de quitter l'île. Il se tenait sur la rive, la carabine sur l'épaule et me tournant le dos. Je cherchai une pierre pour lui en écraser la tête, mais je n'en vis point auprès de moi. Alors il me vint une idée bizarre : n'avais-je pas une arme toute trouvée dans ma jambe de bois? Je m'assis donc, protégé par l'obscurité, et enlevai ma béquille. Puis en trois bonds je fus sur lui. Il épaula bien sa carabine, mais au même moment il tombait le crâne fracassé. J'avais frappé si fort que vous pouvez encore voir la marque du coup sur le bois. Nous tombâmes tous les deux, car je ne pouvais me tenir en équilibre sur une seule jambe, mais lorsque je me relevai, je vis qu'il ne remuait plus. Je courus au bateau et une heure plus tard nous étions en pleine mer.

« Touga avait emporté avec lui tout ce qu'il

possédait, ses armes, ses dieux, etc. Il avait entre autres choses une longue lance en bambou et une natte faite avec des filaments de noix de coco. Avec ces deux objets j'organisai un mât et une voile. Pendant dix jours nous fûmes ballottés au gré des vents, comptant sur le hasard pour nous sauver, quand le onzième nous fûmes recueillis par un navire qui transportait de Singapour à Jeddah tout un convoi de pèlerins malais. C'était une réunion bien étrange, mais Touga et moi nous nous arrangeâmes pour vivre en bonne intelligence avec eux. Ils avaient d'ailleurs une excellente qualité, ils nous laissaient parfaitement tranquilles et ne nous adressaient aucune question.

« Si je vous racontais par le menu toutes les aventures que nous avons eu à traverser, mon petit camarade et moi, je crois que vous m'en voudriez fort, car le soleil levant nous retrouverait encore ici. Qu'il vous suffise de savoir que nous errâmes longtemps à travers le monde, sans jamais parvenir à atteindre Londres. Cependant je ne perdais pas un seul instant mon objectif de vue. Chaque nuit, Sholto m'apparaissait et bien des fois je l'ai tué ainsi en songe. A la fin cependant, il y a trois ou quatre ans environ, nous abordâmes en Angleterre. Je découvris assez facilement la retraite de Sholto et je cherchai à savoir s'il avait fait argent du trésor, ou s'il l'avait conservé tel quel. Je me liai avec quelqu'un qui pouvait m'être utile. Je ne nomme personne, ne voulant pas mettre un autre dans l'embarras à cause de moi. Et j'acquis bien vite la certitude que les bijoux étaient toujours entre ses mains. J'essayai alors d'arriver jusqu'à lui de bien des manières différentes, mais il était trop méfiant et il se faisait toujours garder par deux lutteurs de profession, sans compter ses fils et son Khitmutgar.

« Un jour cependant, on m'avertit qu'il était sur le point de mourir. Je courus aussitôt vers sa demeure et m'introduisis dans le jardin, me sentant devenir à moitié fou à la pensée qu'il allait peut-être m'échapper ainsi; je mis ma tête à la fenêtre et je l'aperçus étendu sur son lit avec ses deux fils à ses côtés. J'allais me précipiter dans la chambre, prêt à lutter contre ces trois hommes, lorsque je vis tout à coup sa figure se contracter et je compris qu'il était mort. Cette même nuit, je pénétrai dans son appartement et je bouleversai tous ses papiers, espérant y découvrir quelque indication au sujet de l'endroit où il avait caché nos bijoux. Je ne trouvai rien, absolument rien, et je m'enfuis au paroxysme de la rage et de la fureur. Avant de partir, il me vint à l'idée que si jamais je retrouvais mes trois amis Sikhs, ils seraient heureux de savoir que j'avais laissé derrière moi un symbole de notre haine, j'inscrivis donc *la marque des quatre* telle qu'elle avait été apposée sur le plan, sur un bout de papier que j'épinglai sur la poitrine du cadavre. Non, certainement, on ne pouvait le mettre en terre sans que les malheureux qu'il avait volés et trahis ne vinssent porter ainsi témoignage contre lui !

« A ce moment-là, je gagnais ma vie en exhibant Touga dans les foires et autres endroits de ce genre, comme étant un nègre cannibale. Il mangeait de la viande crue et dansait la danse guerrière devant le public, de sorte qu'à la fin de chaque journée nous avions toujours assez de gros sous pour en remplir un chapeau. Je n'avais cependant pas cessé de me tenir au courant de ce qui se passait à Pondichery Lodge, mais pendant quelques années je n'appris rien de nouveau, si ce n'est que les recherches pour découvrir le trésor continuaient toujours. L'événement attendu depuis si longtemps se produisit enfin. Le trésor était retrouvé et il était déposé tout en haut de la maison dans le laboratoire de chimie de M. Bartholomé Sholto. J'allai immédiatement passer l'examen des lieux, mais je vis qu'avec ma jambe de bois il me serait impossible de grimper jusque-là. On m'informa cependant qu'une trappe s'ouvrait sur le toit et on m'indiqua l'heure à laquelle M. Sholto descendait dîner. J'imaginai donc un plan qui me parut assez facile à exécuter avec l'aide de Touga. J'emmenai mon sauvage, après avoir enroulé une longue corde autour de ses reins. Il était leste comme un chat et il arriva bien vite jusqu'au toit; mais, pour son propre malheur, Bartholomé Sholto se trouvait encore dans la chambre. Touga crut faire un coup de maître en le tuant, et lorsque je me hissai jusque-là au moyen de la corde, je le trouvai enchanté de son exploit et parcourant les pièces fier comme un paon. Aussi tomba-t-il de son haut lorsque je me jetai sur lui pour le corriger à coups de corde, en le traitant de petit démon assoiffé de sang. Je saisis la cassette et la fis descendre par le câble; puis je pris à mon tour le même chemin après avoir laissé *la marque des quatre* sur la table; je tenais à bien montrer que les bijoux avaient enfin fait retour à leurs légitimes propriétaires.

Touga retira alors la corde, ferma la fenêtre, et ressortit par où il était entré.

« Je crois que maintenant je n'ai plus grand' chose à vous dire. J'avais entendu un matelot raconter que la chaloupe de Smith, l'*Aurora*, était une excellente marcheuse et je pensai qu'elle pourrait nous servir pour nous sauver. Je m'entendis donc avec le vieux Smith et je lui promis une grosse somme d'argent payable lorsque nous serions arrivés sains et saufs à bord du navire sur lequel j'avais retenu notre passage. Il devait se douter qu'il y avait quelque chose de louche dans notre affaire, mais je ne lui avais rien confié de nos secrets. Tout ceci, messieurs, est l'exacte vérité et, si je vous fais ce récit, ce n'est pas pour vous amuser, car vous m'avez joué un trop vilain tour, mais parce que je pense que c'est là ma meilleure défense, tout révéler sans rien omettre, prouver combien le major Sholto a agi lâchement envers moi, et montrer enfin que je suis complètement innocent de la mort de son fils.

— Votre histoire est très intéressante, dit Sherlock Holmes. On ne pourrait inventer un meilleur cadre pour une affaire aussi palpitante. La dernière partie de votre récit ne m'a rien appris, si ce n'est que vous avez apporté vous-même la corde avec vous, ce que j'ignorais. A propos, j'espérais que Touga avait perdu tous ses dards et cependant il a encore pu nous en lancer un, sur le bateau.

— Il les avait tous perdus, monsieur, c'est vrai, sauf celui qui était dans sa sarbacane.

— Ah oui, c'est juste, dit Holmes, je n'y avais pas pensé.

— Y a-t-il encore quelque autre point sur lequel vous désirez être édifié? demanda le forçat d'un air aimable.

— Merci, je ne vois plus rien, répondit mon compagnon.

— Eh bien, Holmes, dit Athelney Jones, vous êtes un homme aux volontés duquel il faut se prêter et nous rendons tous justice à vos talents, mais le devoir est le devoir et je me suis déjà avancé beaucoup en faisant ce que votre ami et vous m'avez demandé. Je me sentirai plus tranquille lorsque notre beau raconteur d'histoires sera soigneusement enfermé à triple tour. Le fiacre est toujours à la porte et deux agents nous attendent en bas. Je vous remercie bien, messieurs, de votre concours; vous aurez naturellement à comparaître comme témoins. En attendant, je vous souhaite le bonsoir.

— Bonsoir donc, messieurs, dit Jonathan Small à son tour.

— Passez le premier, Small, fit prudemment Jones au moment de sortir. Je ne tiens pas à faire connaissance avec votre jambe de bois, comme l'individu que vous avez si bien arrangé aux îles Andaman. »

Après être resté quelque temps à fumer en silence : « Eh bien, dis-je, tout à coup, voici le quatrième acte de notre drame terminé. Seulement je crains que ce ne soit la dernière affaire où il me soit permis d'étudier vos procédés. Miss Morstan m'a fait l'honneur de m'accorder sa main. »

Holmes fit entendre un grognement lugubre.

« C'était ce que je craignais, dit-il, je ne puis vraiment pas vous adresser de compliments. »

Ces paroles me froissèrent vivement.

« Avez-vous quelque raison pour désapprouver mon choix? demandai-je.

— Pas la moindre. Je crois, au contraire, que c'est une des plus charmantes jeunes filles que j'aie jamais rencontrées et elle pourrait se rendre excessivement utile dans un travail comme celui auquel nous venons de nous livrer. C'est tout à fait là sa voie. Voyez comme elle a soigneusement conservé ce plan d'Agra, trouvé parmi les papiers de son père. Mais l'amour n'est qu'un sentiment et tout ce qui est sentiment se trouve en opposition directe avec la froide raison, la seule chose à mon avis qu'on doive considérer en ce monde. Pour mon compte, je ne me marierai jamais, à moins que je ne perde tout à fait la tête.

— J'espère, dis-je en riant, que la mienne saura résister à cette épreuve. Mais vous avez l'air bien fatigué.

— Oui, c'est la réaction qui se produit. Pendant une semaine au moins, je vais me sentir mou comme une chique.

— C'est étrange, dis-je, comme ce que j'appellerais chez un autre de la paresse peut chez vous alterner avec des accès d'activité et de vigueur incroyables.

— Oui, répondit-il, il y a en moi l'étoffe d'un parfait fainéant, en même temps que celle d'un gaillard très énergique. Je pense souvent à ces vers de Gœthe :

> Schade dass die Natur nur einen
> Menschen aus dir schuf,
> Denn zum würdigen Mann war
> Und zum Schelmen der Stoff [1].

---

1. « Il est dommage que la nature n'ait créé en toi qu'un seul homme, car il y avait l'étoffe d'un honnête homme et d'un scélérat. »

« Mais, à propos de cette affaire de Norwood, vous voyez qu'ils avaient bien, comme je le pensais, un complice dans la maison; c'est évidemment Lal Rad, le maître d'hôtel. Jones a donc actuellement la gloire indiscutable d'avoir pris au moins un poisson dans le grand coup de filet qu'il avait donné.

— Cette gloire me semble mince, remarquai-je. C'est vous qui avez tout fait dans cette affaire. Si, pour mon compte, j'y gagne une femme, si Jones en retire de l'honneur, que vous restera-t-il donc à vous, je vous prie ?

— A moi, dit Sherlock Holmes, il me restera toujours ce flacon de cocaïne. »

Et il étendit sa longue main fine et blanche vers la bouteille.

FIN

TABLE DES MATIÈRES

    I. — La déduction élevée à la hauteur d'une science...   1
   II. — Exposé de l'affaire........................... 19
  III. — A la recherche d'une solution 31
  IV. — Récit de l'homme chauve...................... 41
   V. — Le drame de Pondichery Lodge................. 62
  VI. — Théorie de Sherlock Holmes................... 77
 VII. — Incident du baril............................. 95
VIII. — Les irréguliers de Baxer Street............... 119
  IX. — En défaut..................................... 138
   X. — Comment périt l'insulaire Andaman............. 159
  XI. — Le trésor d'Agra.............................. 178
 XII. — L'étrange histoire de Jonathan Small.......... 191

Coulommiers. — Imp. P. BRODARD. — 95-96.

LIBRAIRIE HACHETTE ET Cie
79, BOULEVARD SAINT-GERMAIN, 79

EXTRAIT DU CATALOGUE

1895

BIBLIOTHÈQUE DES MEILLEURS ROMANS ÉTRANGERS

Traductions françaises à 1 fr. le volume broché.

ROMANS ANGLAIS

Ainsworth (W.) : *Chrichton*. 1 vol.
— *Jack Sheppard*, ou les Chevaliers du brouillard. 1 vol.

Alexander (Mrs.) : *L'épousera-t-il?* 2 vol.
— *Une seconde vie*. 2 vol.
— *Autour d'un héritage*. 2 vol.

Anonymes : *Les pilleurs d'épaves*. 1 vol.
— *Miss Mortimer*. 1 vol.
— *Paul Ferroll*. 1 vol.
— *Violette*, imitation de l'anglais. 1 vol.
— *Whitefriars*. 2 vol.
— *La veuve Barnaby*. 2 vol.
— *Tom Brown à Oxford*, imité de l'anglais. 1 vol.
— *Mehalah*. 1 vol.
— *Portia*. 1 vol.
— *Le bien d'autrui*, étude de mœurs américaines. 1 vol.
— *La maison du Marais*. 1 vol.
— *Helen Clifford*. 1 vol.

Austen (Miss) : *Persuasion*. 1 vol.

Beecher-Stowe (Mrs.) : *La case de l'oncle Tom*. 1 vol.
— *La fiancée du ministre*. 1 vol.

Black (W.) : *Anna Beresford*. 1 vol.

Blackmore (R.) : *Erema*. 1 vol.

Blind (M.) : *Tarantella*. 1 vol.

Braddon (Miss) : *Œuvres*. 29 volumes :
Henri Dunbar. 2 vol.

Braddon (Miss) (suite) :
La trace du serpent. 2 vol.
Le capitaine du Vautour. 1 vol.
Le testament de John Marchmont. 2 vol.
Le triomphe d'Eleanor. 2 vol.
Lady Lisle. 1 vol.
Ralph l'intendant. 1 vol.
La femme du docteur. 2 vol.
Le locataire de sir Gaspard. 2 vol.
Rupert Godwin. 2 vol.
Les oiseaux de proie. 2 vol.
La chanteuse des rues. 2 vol.
Un fruit de la mer Morte. 2 vol.
Lucius Davoren. D. M. 2 vol.
Joshua Haggard. 2 vol.
Le chêne de Blatchmardean. 1 vol.
Fatalité. 1 vol.

Bret Harte. *Le blocus des neiges*. 1 vol.

Bulwer Lytton (sir Ed.) : *Œuvres*. 25 volumes :
Devereux. 2 vol.
Ernest Maltravers. 1 vol.
Le dernier des barons. 2 vol.
Les derniers jours de Pompéi. 1 vol.
Mémoires de Pisistrate Caxton. 2 vol.
Mon roman. 2 vol.
Paul Clifford. 2 vol.
Qu'en fera-t-il? 2 vol.
Rienzi. 2 vol.
Zanoni. 2 vol.

Bulwer Lytton (sir Ed.) (suite):
 Eugène Aram. 2 vol.
 Alice, ou *les Mystères.* 1 vol.
 Pelham, ou Aventures d'un gentleman. 2 vol.
 Jour et nuit, ou Heur et malheur. 2 vol.

Burnett (F. H.) : *Entre deux présidences.* 1 vol.

Conway (H.) : *Affaire de famille.* 1 vol.
— *Vivant ou mort.* 1 vol.
— *Nouvelles.* 1 vol.

Craik (Miss Mullock) : *Deux mariages*, 1 vol.
— *Une noble femme.* 1 vol.
— *Mildred.* 1 vol.

Cummins (Miss) : *L'allumeur de réverbères.* 1 vol.
— *Mabel Vaughan.* 1 vol.
— *La rose du Liban.* 1 vol.
— *Les cœurs hantés.* 1 vol.

Currer-Bell (Miss Brontë) : *Jane Eyre.* 2 vol.
— *Le professeur.* 1 vol.
— *Shirley.* 2 vol.

Dasent : *Les Vikings de la Baltique.* 1 vol.

Derrick (F.) : *Olive Varcoe*, 1 vol.

Dickens (Ch.) : *Œuvres*, 28 volumes :
 Aventures de M. Pickwick. 2 vol.
 Barnabé Rudge. 2 vol.
 Bleake-House. 2 vol.
 Contes de Noël. 1 vol.
 David Copperfield. 2 vol.
 Dombey et fils. 3 vol.
 La petite Dorrit. 2 vol.
 Le magasin d'antiquités. 2 vol.
 Les temps difficiles. 1 vol.
 Nicolas Nickleby. 2 vol.
 Olivier Twist. 1 vol.
 Paris et Londres en 1793. 1 vol.
 Vie et aventures de Martin Chuzzlewit. 2 vol.
 Les grandes espérances. 2 vol.

Dickens (Ch.) (suite) : *L'ami commun.* 2 vol.
 Le mystère d'Edwin Drood. 1 vol.

Dickens et **Collins** : *L'abîme.* 1 vol.

Disraeli : *Sybil.* 1 vol.
— *Lothair.* 1 vol.

Edwardes (Mrs. Annie) : *Un bas-bleu.* 1 vol.
— *Une singulière héroïne.* 1 vol.

Edwards (Miss Amelia) : *L'héritage de Jacob Trefalden.* 1 vol.

Eliot (G.) : *Adam Bede.* 2 vol.
— *La conversion de Jeanne.* 1 vol.
— *Les tribulations du révérend A. Barton.* 1 vol.
— *Le moulin sur la Floss.* 2 vol.
— *Romola*, ou Florence et Savonarole. 2 vol.
— *Silas Marner*, le tisserand de Raveloe. 1 vol.

Elliot (F.) : *Les Italiens.* 1 vol.

Farjeon : *Le mystère de Porter Square.* 1 vol.

Fleming (G.) : *Un roman sur le Nil.* 1 vol.

Fleming (M.) : *Un mariage extravagant*, 2 vol.

Fullerton (Lady) : *L'oiseau du bon Dieu.* 1 vol.
— *Hélène Middleton.* 1 vol.

Gaskell(Mrs.):*Œuvres.*6 volumes:
 Autour du sofa. 1 vol.
 Marie Barton. 1 vol.
 Marguerite Hall(Nord et Sud). 1 vol.
 Ruth. 1 vol.
 Les amoureux de Sylvia. 1 vol.
 Cousine Philis. — *L'œuvre d'une nuit de mai.* — *Le héros du fossoyeur.* 1 vol.

Gissing : *Demos.* 2 vol.

Gray (M.) : *Le silence du doyen.* 1 vol.

Grenville Murray : *Œuvres.* 5 volumes :
Le jeune Brown. 2 vol.
La cabale du boudoir. 1 vol.
Veuve ou mariée ? 1 vol.
Une famille endettée. 1 vol.

Gunter : *M. Barnes de New-York.* 1 vol.

Hall (capitaine Basil) : *Scènes de la vie maritime.* 1 vol.
— *Scènes du bord et de la terre ferme.* 1 vol.

Hamilton-Aïdé : *Rita.* 1 vol.
— *Présentée.* 1 vol.

Hardy (T.) : *Le trompette-major.* 1 vol.

Harwood (J.) : *Lord Ulswater.* 1 vol.

Haworth (Miss) : *Une méprise. — Les trois soirées de la Saint-Jean. — Morwell.* Nouvelles. 1 vol.

Hawthorne : *La maison aux sept pignons* 1 vol.

Hildreth : *L'esclave blanc.* 1 vol.

Howells : *La passagère de l'Aroostoock.* 1 vol.
— *La fortune de Silas Lapham.* 1 vol.

Hume (F. G.). *Le mystère d'un hansom cab.* 1 vol.
— *Miss Méphistophélès.* 1 vol.

Hungerford (Mrs.) : *Molly Bawn.* 1 vol.
— *Doris.* 1 vol.
— *La conquête d'une belle-mère.* 1 vol.
— *Rossmoyne.* 1 vol.
— *Premières joies et premières larmes.* 2 vol.

Jackson : *Ramona.* 1 vol.

James : *Léonora d'Orco.* 1 vol.
— *L'Américain à Paris.* 1 vol.
— *Roderick Hudson.* 1 vol.

Jenkin (Mrs) : *Qui casse paye.* 1 vol.

Jerrold (D.) : *Sous les rideaux.* 1 vol.

Kavanagh (J.) : *Tuteur et pupille.* 2 vol.

Keary (Annie) : *L'Irlande il y a quarante ans.*

Kingsley : *Il y a deux ans.* 2 vol.

Lawrence (G.) : *Œuvres.* 6 volumes :
Frontière et prison. 1 vol.
Guy Livingstone. 1 vol.
Honneur stérile. 1 vol.
L'épée et la robe. 1 vol.
Maurice Dering. 1 vol.
Flora Bellasys. 1 vol.

Longfellow : *Drames et poésies.* 1 vol.

Lytton (Lord) : *Glenaveril.* 1 vol.

Marryat (Miss) : *Deux amours.* 1 vol.

Marsh (Mr.) : *Le contrefait.* 1 vol.

Mayne-Reid : *La piste de guerre.* 1 vol.
— *La quarteronne.* 1 vol.
— *Le doigt du destin.* 1 vol.
— *Le roi des Séminoles.* 1 vol.
— *Les partisans.* 1 vol.

Melville (Whyte) : *Œuvres.* 5 volumes :
Les gladiateurs : Rome et Judée. 1 vol.
Katerfelto. 1 vol.
Digby Grand. 1 vol.
Kate Coventry. 1 vol.
Satanella. 1 vol.

Norris : *La méprise d'un célibataire.* 2 vol.

Ouida : *Ariane.* 2 vol.
— *Pascarel.* 1 vol.
— *Amitié.* 1 vol.
— *Umilta.* Nouvelles. 1 vol.
— *La princesse Zouroff.* 1 vol.

Ouida (suite) : *Les fresques.* Nouvelles. 1 vol.
— *Musa*, imité par J. Girardin. 1 vol.
— *Wanda.* 2 vol.
— *Les Napraxine*, 2 vol.
— *Othmar.* 2 vol.
— *Don Gesualdo.* Nouvelles. 1 vol.
— *Scènes de la vie de château.* 1 vol.
— *Syrlin.* 2 vol.
— *Guilderoy.* 2 vol.

Page (H.) : *Un collège de femmes.* 1 vol.

Poynter (E.) : *Hetty.* 1 vol.

Reade et **Dion Boucicault** : *L'île providentielle.* 1 vol.

Ridder-Haggard : *Jess.* 1 vol.
— *Béatrice.* 1 vol.
— *Le colonel Quaritch.* 1 vol.

Rockingham (C.) : *Les surprises d'un célibataire.* 1 vol.

Savage : *Un mariage officiel.* 1 vol.

Segrave (A.) : *Marmorne.* 1 vol.

Smith (J.) : *L'héritage.* 3 vol.

Stephens (Miss) : *Opulence et misère.* 1 vol.

Thackeray : *Œuvres.* 9 volumes :
Henry Esmond. 2 vol.
Histoire de Pendennis. 3 vol.
La foire aux vanités. 2 vol.
Le livre des snobs. 1 vol.
Mémoires de Barry Lindon. 1 vol.

Thackeray (Miss) : *Sur la falaise.* 1 vol.

Townsend (V.-F.) : *Madeline.* 1 vol.

Trollope (A.) : *Le domaine de Belton.* 1 vol.
— *La veuve remariée.* 2 vol.
— *Le cousin Henry.* 1 vol.
— *Les tours de Barchester.* 1 vol.
— *Rachel Ray.* 2 vol.

Trollope (Mrs) : *La pupille.* 1 vol.

Wilkie Collins : *Œuvres.* 20 volumes :
Le secret. 1 vol.
La pierre de lune. 2 vol.
Mademoiselle ou Madame ? 1 vol.
Mari et femme. 2 vol.
La morte vivante. 1 vol.
La piste du crime. 2 vol.
Pauvre Lucile ! 2 vol.
Cache-cache. 2 vol.
La mer glaciale. — *La femme des rêves.* 1 vol.
Les deux destinées. 1 vol.
L'hôtel hanté. 1 vol.
La fille de Jézabel. 1 vol.
Je dis non. 2 vol.
C'était écrit. 1 vol.

Winter (John Strange) : *Ce lutin. Petite folle.* 1 vol.

Wood (Mrs.) : *Œuvres.* 5 volumes :
Le maître de Greylands. 1 vol.
La gloire des Verner. 1 vol.
Edina. 1 vol.
L'héritier de Court-Netherleigh. 1 vol.
Perdu à la poste. 1 vol.

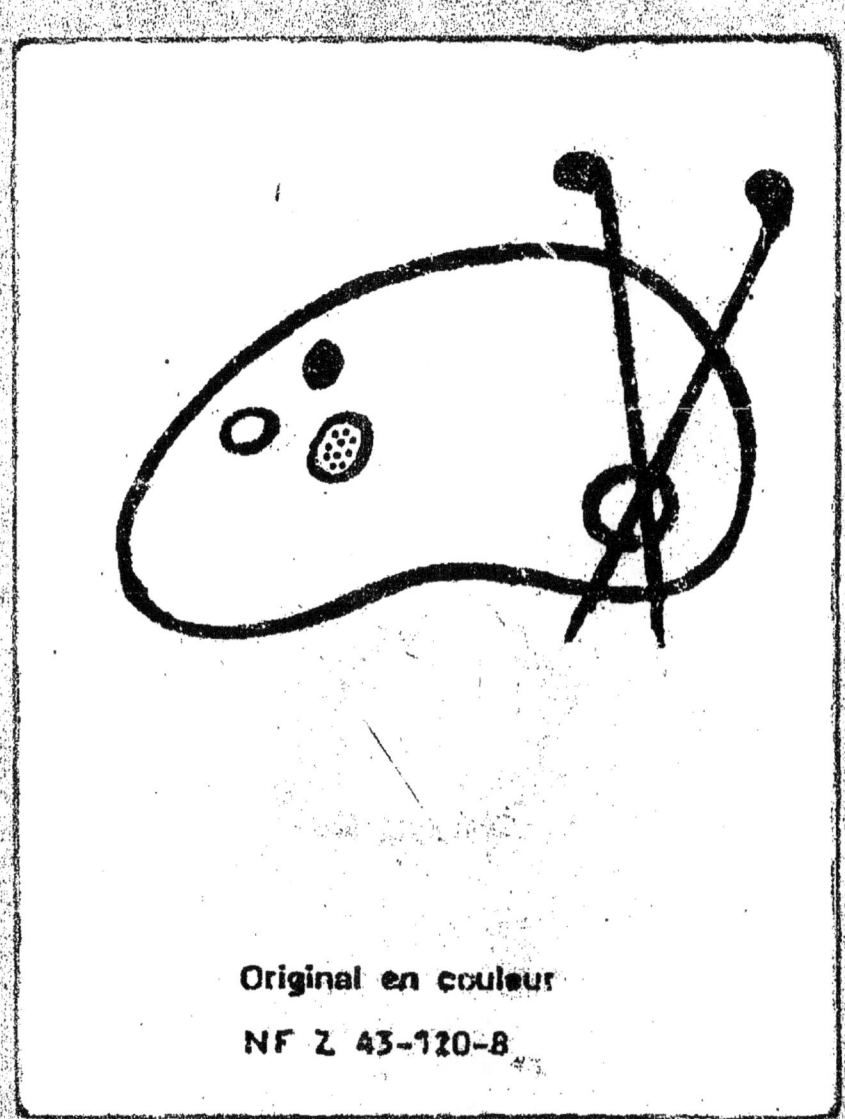

Original en couleur
NF Z 43-120-8